Probleme von Raumordnung, Umwelt und Wirtschaftsentwicklung in den neuen Bundesländern

von

HELLMUTH BERGMANN, HEINRICH LOWINSKI, DETLEF MARX UND JOACHIM MASUHR

unter Verwendung von schriftlichen und mündlichen Beiträgen und Anregungen von Mitgliedern der Akademie für Raumforschung und Landesplanung sowie interessierten Persönlichkeiten aus den alten und neuen Bundesländern, insbesondere der Herren

W. Ernst, L. Finke, K.-H. Hübler, H. Kiemstedt, G. Kind, P. Klemmer, V.v. Malchus, J. Maier, H. Morgen, E. Münzer, K. Oettle, K.H. Olsen, H. Pohle, F. Riemann, A. G. Schefer, H. Schirmer, G. Schmitz, D. Scholich, W. Schramm, H. Siedentopf, G. Thiede, P. Treuner, W.v. Urff, H. Zimmermann.

Deutsche Bibliothek - CIP-Einheitsaufnahme

Probleme von Raumordnung, Umwelt und Wirtschafts-
entwicklung in den neuen Bundesländern /
ARL. Hannover :
   Akad. für Raumforschung und Landesplanung, 1991
   ISBN 3-88838-501-6
NE: Akademie für Raumforschung und Landesplanung
<Hannover>

Best.-Nr. 501
ISBN 3-88838-501-6

Alle Rechte vorbehalten - Verlag der ARL - Hannover 1991
© Akademie für Raumforschung und Landesplanung
Druck: poppdruck, 3012 Langenhagen
Auslieferung
VSB-Verlagsservice Braunschweig

INHALTSVERZEICHNIS

Vorwort		VII
Vorbemerkung		IX

I.	*Ausgangsüberlegungen*	1
1.	Wirtschafts- und Sozialordnung der Bundesrepublik	1
2.	Funktionen der Preise und des Wettbewerbs	5
3.	Soziale Abfederung	6

II.	*Raumordnung und Raumplanung*	9
1.	Allgemeine Aufgabenverteilung zwischen Bund, Ländern und Gemeinden	9
1.1	Aufgaben des Bundes und der Länder	9
1.2	Aufgaben der Kommunen	10
2.	Aufgabenverteilung in der Raumplanung zwischen Bund, Ländern und Gemeinden	11
2.1	Die aktuelle Aufgabenstellung	11
2.2	Der Beitrag des Bundes	13
2.3	Die Aufgabenerfüllung in den Ländern	14
2.3.1	Programme und Pläne als wichtige Instrumente	14
2.3.2	Regionalplanung	15
2.3.3	Raumordnungsverfahren und Umweltverträglichkeitsprüfung	16
2.4	Aufgabenstellung in den Gemeinden, insbesondere Bauleitplanung (Flächennutzungs- und Bebauungsplan)	17
3.	Die Planungsinstrumente der Raumordnung	19
3.1	Einführung	19
3.2	Raumordnungspläne	19
3.2.1	Landesentwicklungsprogramm/plan	21
3.2.2	Inhalte der Landesentwicklungspläne und Regionalpläne	21
3.3	Planung durch Information sowie Beratung	22
4.	Landesplanung und Fachplanungen	22
4.1	Grundsätzliches zum Zusammenwirken	22
4.1.1	Bindungswirkungen	22
4.1.2	Wechselwirkungen	23
4.1.3	Raumordnungsklauseln	23
4.2	Landesplanung und Landschaftsplanung	23
4.2.1	Integration der Landschaftsplanung	23
4.2.2	Zusammenwirken	24
5.	Europäische und grenzübergreifende Zusammenarbeit	25
5.1	Rechtliche Grundlagen	25
5.2	Europäische grenzübergreifende Raumordnung	25
5.3	Bundesgrenzen übergreifende Raumordnung	26
5.4	Landesgrenzen übergreifende Raumplanung	28

| III. | Strukturpolitik | 30 |

1.	Einführung	30
2.	Sektorale Strukturpolitik	31
2.1	Wirtschaftswettbewerb und struktureller Wandel	30
3.	Regionale Strukturpolitik	33
4.	Staatliche Möglichkeiten und Grenzen	34
5.	Förderung des Strukturwandels	36

| IV. | Umweltpolitik | 40 |

1.	Umweltschutz als Staatsaufgabe	40
2.	Umweltschutz und Wirtschaftswachstum	41
3.	Sanierung versus Neuerschließung von Flächen	45
4.	Naturschutz (vom Objekt- zum Ökosystemschutz)	46

| V. | Infrastrukturpolitik | 50 |

1.	Einführung	50
2.	Erholungsinfrastruktur	51
3.	Entsorgungsinfrastruktur	53
3.1	Entsorgungs-Philosophie	53
3.2	Raumplanerische Konsequenzen	60
3.3	Bemerkungen zur Altlastenproblematik	61
4.	Verkehrsinfrastruktur	62

| VI. | Typische Ziel- und Entscheidungskonflikte der Raumplanung | 72 |

1.	Zum Leitbild der Zentren und der Achsen	72
2.	Verdichtungsräume	77
3.	Randzonen der Verdichtungsräume	83
4.	Ländliche Räume	85
4.1	Rückzug der Landwirtschaft - Verminderung der Tragfähigkeit	85
4.2	Künftige Aufgaben der Landwirtschaft und künftige Agrarstruktur	86
4.3	Charakteristika der Landwirtschaft in den alten und in den neuen Ländern	88
4.1.1	Kenndaten der westdeutschen Landwirtschaft	88
4.3.2	Spezielle Elemente der Landwirtschaft der ehemaligen DDR	91
4.3.3	Charakteristika und Lage der umzuwidmenden landwirtschaftlichen Flächen	93
4.4	Die zukünftig Nutzung der nicht mehr für die Landwirtschaft benötigten Fläche	94
4.5	Ökologische Nutzung für den Natur-, Biotopen- und Artenschutz	95
4.6	Fremdenverkehr als Mittel zur Steigerung der Tragfähigkeit	96
4.7	Probleme der Ansiedlung von Industrie- und Dienstleitungsbetrieben	99

| VII. | Zur Notwendigkeit, schnell Prioritäten zu setzen | 100 |

| Anmerkungen | | 104 |

VIII.	Anhang	111
1.	Baugesetzbuch (Auszug)	111
2.	Raumordnungsgesetz des Bundes (i.d.F. v. 25. Juli 1991)	113

Karten

1.	Bundesrepublik Deutschland (M. 1 : 2 000 000)	Beilage
2.	Nationalparke, Naturparke und Biosphärenreservate in Deutschland	49
3.	Bevölkerungsdichte von Deutschland 1989 nach Kreisen	52
4.	Fernverkehrsstreckennetz der Eisenbahn in Deutschland	67
5.	Bundesfernstraßennetz in Deutschland	69
6.	Bundeswasserstraßen für Europaschiffe (1350 t Tragfähigkeit)	71
7.	Strukturkarte zum Regionalplan - Zentren, Achsen, Räume, Zonen und Gebiete	73
8.	Verknüpfung von Kartenschichten	74
9.	Orte mit zentraler Bedeutung in Deutschland	76
10.	Großräumig bedeutsame Achsen in Deutschland	78
11.	Güte der Standorte der landwirtschaftlichen Produktion in Deutschland	90

Tabellen

1.	Subventionen im Haushaltsjahr 1989	7
2.	Subventionen je Erwerbstätigen im Jahr 1987	7
3.	Beschäftigte Arbeitnehmer in West- und Ostdeutschland im zweiten Halbjahr 1990	32
4.	Abfallaufkommen in den alten Bundesländern 1987	54
5.	Kennziffern innerstädtischer Verkehrsmittel	63

Übersichten

1.	System der Raumplanung	20
2.	Ablaufschema vom Ausgangsstoff zum Abfall	55
3.	Stoffströme im technisch-ökonomischen System	56
4.	Systemgedanke regional-dezentralisierte Abfallentsorgungs-Fabrik (Stoffströme)	58
5.	Systemgedanke regional-dezentralisierte Abfallentsorgungs-Fabrik (Sammelsysteme u. Betriebsteile)	59
6.	Altlast - Verdachtflächen nach Industriebranchen	61
7.	Anteile der Verkehrsleistungen in Deutschland	65

Vorwort

Die Sicherung einer geordneten räumlichen Entwicklung im gesamten Bundesgebiet, in den alten und in den neuen Ländern, muß ein wichtiges Ziel zukunftsorientierter Politik im vereinten Deutschland sein. Für die in Bund, Ländern und Gemeinden verantwortlichen Politiker und Verwaltungsfachleute ergeben sich daraus Aufgaben, die im Hinblick auf ihre Schwierigkeit und ihren Umfang erst jetzt richtig erkennbar werden, nachdem die Bürger der neuen Bundesländer Vergleichsmöglichkeiten mit Regelungen haben, die in den alten Ländern vor der Vereinigung als Selbstverständlichkeiten galten, und nachdem die Bürger der alten Bundesländer die Ergebnisse einer nur noch rudimentär vorhandenen Kommunalverfassung, einer in ein staatlich-dirigistisches System eingefügten Territorialplanung und einer zentralistischen Verwaltungswirtschaft kennenlernten.

Die deutsche Teilung kann nur durch Teilen überwunden werden. Das Teilen muß sich mindestens auf den Zuwachs des persönlichen und des öffentlichen Einkommens beziehen, damit die Vielzahl der dringend erforderlichen Maßnahmen in den neuen Bundesländern finanziert werden kann. Nur so wird dort bald eine erkennbare Verbesserung der Lebensbedingungen erreicht werden können. Dabei ist die Stärkung des Bewußtseins der Chancen der neuen Situation ebenso wichtig wie die Verbesserung der materiellen Voraussetzungen. Es gilt vor allem auch, Zeichen zu setzen, daß wir zum Teilen bereit sind und mit Engagement dort anpacken, wo es am nötigsten ist.

Die zukünftige Entwicklung in den Kommunen und Regionen der neuen Länder erfordert vielfältige landes-, regional- und stadtplanerische Entscheidungen, um Standortvoraussetzungen zu schaffen und die sich beschleunigenden Entwicklungsprozesse mit dem Ziel einer langfristigen Verbesserung zum Wohl der jetzt Lebenden und der nach uns Kommenden zu beeinflussen. Eine Gruppe von Mitgliedern der Akademie für Raumforschung und Landesplanung hielt es angesichts dieser Situation für ihre Pflicht, das aus der Erfahrung der letzten Jahrzehnte gewonnene Wissen über die Erfordernisse und zweckmäßigen Verfahrensweisen der überörtlichen Planung unter Verwertung wichtiger Anregungen von Raumplanern aus den neuen Bundesländern zusammenfassend so zu formulieren, daß damit den Landes-, Regional- und Stadtplanern - insbesondere, aber nicht nur - in den neuen Ländern Anhaltspunkte für planerische Überlegungen und Entscheidungen gegeben werden, die sich am allgemeinen Wohl orientieren. Das Ergebnis dieser Bemühungen wird hiermit allen Interessierten vorgelegt. Die Verantwortung für den Inhalt tragen allein die Autoren.

Die Akademie dankt den Autoren und allen, die an dem Zustandekommen des Manuskripts mitgewirkt haben; nur dank ihres Engagements und Einsatzes war es möglich, die Schrift in so kurzer Zeit fertigzustellen. Die Akademie erhofft sich von der Veröffentlichung eine weitergehende und vertiefende Diskussion über die besten Wege zu einer möglichst guten räumlichen Entwicklung im Rahmen der freiheitlichen Staats-, Wirtschafts-, Sozial- und Umweltordnung in allen Ländern des vereinten Deutschland. Damit ist zugleich das Angebot der Akademie und der

Autoren verbunden, vorhandenes Wissen und gesammelte Erfahrungen den Kollegen und Verantwortlichen in den neuen Ländern, wo dies gewünscht wird, in persönlicher Zusammenarbeit und frei von kommerziellen und anderen Einzelinteressen zugänglich zu machen.

Hannover, im Oktober 1991

Prof. Dr. Peter Treuner
Präsident der Akademie für
Raumforschung und Landesplanung

Vorbemerkung

Max Frisch hat einmal sinngemäß gesagt: "Die letzte Chance individueller Freiheit liegt in der Planung." (Cum grano salis, Werk 1953, st 1403, S. 240 f.) Das klingt zunächst paradox, aber was Frisch meint und wie Raumordnung sich selbst versteht, geht es ihm (und uns) um schöpferische Planung. Die Planung, die Frisch meint, verhindert nicht, sie stiftet. "Sie personifiziert sich nicht in einem Polizisten, sondern in einem Pionier"; sie eröffnet Möglichkeiten und stützt sich dabei auf die Macht der produktiven Idee.

In einer pluralistischen Gesellschaft, in der der Staat nicht alleiniger Träger von Entscheidungen und Maßnahmen ist, tut Planung mehr denn je not, weil nur die querschnittsorientierte Raumplanung zur Abwägung unterschiedlicher Ansprüche an den Raum (einschließlich Natur und Landschaft) und als Mittel zur Vorbereitung von Entscheidungen in der Lage ist. Die immer schwieriger werdenden Raumnutzungskonflikte sind ohne die Anwendung fachwissenschaftlicher Erkenntnisse nicht zu lösen. Raumplanung könnte man deshalb auch bezeichnen als Vorbereitung zur Kanalisierung raumnutzungsbedingter Konflikte durch sachorientierte Entscheidungen, die sich am langfristigen Gemeinwohl orientieren.

Raumplanung an sich, aber auch die notwendige Verbindung der übergeordneten Landes- und Regionalplanung mit der Stadtplanung ist ein äußerst diffiziles Arbeitsfeld, dessen erfolgreiche Bearbeitung umfangreiche Kenntnisse der gesetzlichen und untergesetzlichen Regelungen, der einzelnen einschlägigen Fachdisziplinen und der politischen Praxis in der Verwaltung sowie in den Landes-, Regional- und Gemeindeparlamenten voraussetzt.

Der Redaktionsausschuß sah es als nützlich an, nicht nur die wichtigsten Probleme aus seiner Sicht darzustellen und Denkschritte bei der Lösung häufig auftretender Probleme zu skizzieren, sondern auch im Zusammenhang mit den hier zu diskutierenden Fragen den jeweiligen Hintergrund darzustellen, um damit Verflechtungen und Verbindungen aufzuzeigen, die in der Regel auf den ersten Blick nicht gleich erkennbar sind. Dabei hat er sich bemüht, den richtigen Kurs zwischen der Scylla des Zuviel und der Charybdis des Zuwenig zu steuern, wobei unsere Überlegungen am 15. Juli 1991 abgeschlossen wurden.

Im Interesse der Lesbarkeit dieser Abhandlungen wurde - von einigen Ausnahmen abgesehen - darauf verzichtet, den üblichen Fußnotenapparat anzugeben. Sicherlich ist das für die zitierten Autoren unbefriedigend; wir hoffen jedoch, daß sie im Interesse der Sache dafür Verständnis haben.

Kritische Anmerkungen und Verbesserungs- bzw. Vertiefungsvorschläge für eine zweite Auflage sind willkommen und an die Akademie zu richten.

Hannover, im August 1991 *Hellmuth Bergmann, Heinrich Lowinski*
Detlef Marx und Joachim Masuhr

I. Ausgangsüberlegungen

1. Wirtschafts- und Sozialordnung der Bundesrepublik

Im Mittelpunkt der unfreien sozialistischen Verwaltungswirtschaft der früheren DDR standen das kollektive "Volkseigentum" und die Entscheidungsgewalt einer kleinen, politischen Gruppe. Diese Gruppe setzte nach ihrem Verständnis (und zu ihrem individuellen Vorteil) dem Volk "Ziele und Rechtsregeln nach sozialistischer Moral". Diesen Zielen und Regeln hatte die Planungsbürokratie der früheren DDR zu folgen.

Demgegenüber beruht die soziale Marktwirtschaft in erster Linie auf Privateigentum sowie der Entfaltung der Kräfte und der Initiative des einzelnen. Die Rechts- und Gesellschaftsordnung unseres Staates schützt jeden einzelnen Bürger vor staatlicher und privater Willkür. Der Initiative und den Handlungsmöglichkeiten des einzelnen Bürgers sind nur dort Grenzen gesetzt, wo er gegen geltende Gesetze verstößt bzw. die Freiheit anderer beschränkt.

Im Gegensatz zur Zeit des Frühkapitalismus sind inzwischen die wirtschaftlich Handelnden eingebunden in einen von der Verfassung gesetzten Rahmen, der das Prinzip des freien Marktes mit dem Prinzip des sozialen Ausgleichs verbindet. So werden z.B. dem Eigentum soziale Verpflichtungen auferlegt (Art. 14 GG) und der Wettbewerb am Markt von der Politik so geordnet, daß seine Folgen sozial verträglich bleiben.

Das Grundgesetz hat wichtige wirtschaftliche Freiheiten verfassungsrechtlich abgesichert, z.B. das Recht auf freie Entfaltung der Persönlichkeit, der freien wirtschaftlichen Betätigung, das Recht der freien Konsumwahl, der generellen Vertrags- und Koalitionsfreiheit, die freie Berufs- und Arbeitsplatzwahl sowie die Gewährleistung von Privateigentum bei gleichzeitiger Sozialbindung.

Die Entscheidung für das westliche Wirtschaftssystem ist ein Votum für ein ständig zu reformierendes Modell, das O. v. Nell-Breuning einmal als das Modell der sozial temperierten kapitalistischen Marktwirtschaft bezeichnet hat.

Das für das westliche Wirtschaftssystem typische freie Spiel der Kräfte am Markt findet generell dort seine Grenzen, wo es zu unerträglichen sozialen Spannungen, zu sehr ungleichwertigen Lebensbedingungen oder zu Schäden für Gemeinwohl und Umwelt führt. Die Freiheit des einzelnen findet mithin ihre Grenzen in der Rechts- und Gesellschaftsordnung unseres Staates, deren Ausprägung in Form der Wirtschafts-, Sozial- und Umweltordnung einer ökologisch orientierten sozialen Marktwirtschaft Gegenstand der weiteren Diskussion ist.

Beispiele für diese Ordnungen sind:

- Das Gesetz gegen Wettbewerbsbeschränkungen (GWB), das als ordnungspolitisches Grundgesetz der Wirtschaftsordnung angesehen werden kann.

- Die Sozialordnung wird geprägt durch das Tarifvertragsgesetz, das Montanmitbestimmungsgesetz, das Betriebsverfassungsgesetz und das Gesetz zur Einführung der dynamischen Rente.

Dazu zählen ferner Regelungen der Sozial- und Arbeitslosenversicherung, das Mietrecht, das Landwirtschaftsgesetz, das nur durch seine sozialpolitische Orientierung zu verstehen ist.

- Die Umweltordnung wird definiert durch das Umweltverfassungsrecht, das allgemeine und das besondere Umweltverwaltungsrecht.[1]

Zu den wesentlichen Elementen der Wirtschafts-, Sozial- und Umweltordnung der Bundesrepublik Deutschland zählen weiter Glaubwürdigkeit, Stetigkeit und Konsistenz der staatlichen Politik (Konstanz der Daten/Rahmenbedingungen).

Dem Abbau vermeidbarer Unsicherheit und der Stabilisierung unternehmerischer Erwartungen hat auch eine Orientierung der Wirtschaftspolitik an längeren Zeithorizonten (Politik des langen Atems) zu dienen. Konstitutives Element der Wirtschafts- und Sozialordnung der Bundesrepublik bzw. der Staatsverfassung ist darüber hinaus das föderative Prinzip, das länderfreundliches Verhalten des Bundes und bundesfreundliches Verhalten der Länder erfordert. Kooperativer Föderalismus erfordert Anerkennung der jeweils eigenständigen politischen Verantwortung der jeweiligen staatlichen Ebenen. In diesem Zusammenhang ist auch die Verfassungsgarantie der kommunalen Selbstverwaltung zu sehen, auf die später noch kurz eingegangen wird.

In einem demokratischen System verläuft allerdings nicht alles so, wie es, objektiv und nachträglich betrachtet, ideal und optimal wäre. Fehlentwicklungen werden immer auftreten. Sie können erst dann korrigiert werden, wenn sie als solche erkannt werden und die Mehrheit der Bevölkerung darauf dringt, Änderungen durchzusetzen. Beispiele für frühere Fehlentwicklungen, die nach wie vor zu schaffen machen, sind etwa die Verkehrspolitik (Bevorzugung des Straßenbaus an Stelle des Ausbaus des Schienennetzes), ein unzureichender Umweltschutz einschl. der Abfallwirtschaft (Nachsorge heute anstelle rechtzeitiger Vorsorge gestern) und manche Aspekte der Raumplanung.

Produktion, Absatz und Verbrauch werden in der Marktwirtschaft nicht vom Staat geplant, sondern von den Preisen am Markt gesteuert, die sich aus dem ständig wechselnden Verhältnis von Angebot und Nachfrage, d.h. den Wünschen der Verbraucher und den Produktionskosten des am rationellsten produzierenden Unternehmens ergeben. Beide ändern sich naturgemäß ständig. Dem Staat, also dem Bundes- oder Landesgesetzgeber (in vielen Fällen auch den Kommunen), obliegt es, den rechtlichen, institutionellen und infrastrukturellen Rahmen zu schaffen und dort zu investieren oder ordnend einzugreifen, wo es für das Funktionieren der Wirtschaft, für das Gemeinwohl und die Sicherung der Lebensgrundlagen notwendig ist. Dazu gehört neben der materiellen und institutionellen Infrastruktur auch die Vorhaltung einer entsprechend qualifizierten personalen Infrastruktur. Die Qualität der Infrastruktur, ihre räumliche Bündelung und Erreichbarkeit sind ganz besonders wichtige Standortfaktoren im internationalen und interregionalen Wettbewerb, deshalb wird später darauf zurückzukommen sein (vgl. Kap. 5).

Ebenso wie Menschen und Unternehmen im Wettbewerb miteinander stehen, befinden sich auch die neuen Bundesländer, ihre wirtschaftlichen Teilräume (Regionen) und ihre Gemeinden in Konkurrenz um Arbeitskräfte und Betriebe mit den alten Bundesländern und darüber hinaus mit anderen Standorten und Regionen der Europäischen Gemeinschaft.

Der wirtschaftliche und administrative Systemwandel in den fünf neuen Ländern erhöht die wirtschaftlichen Risiken für ansiedlungswillige Betriebe zusätzlich, weil u.U. mögliche und erwartete Fühlungsvorteile (Produktionsverflechtungen) nicht in dem Maße zum Tragen kommen, wie das bislang vorausgesetzt wurde. Die Regionalpolitik wird deshalb via Förderung der wirtschaftsnahen Infrastruktur die örtlichen Standortbedingungen und damit die Investitionsvoraussetzungen massiv verbessern müssen, um der regionalen Entwicklung einkommensschwacher Gebiete eine nachhaltige Chance zu geben.

Dabei ist zu bedenken: "Die europäische Integration, um mit der ersten Rahmenbedingung zu beginnen, wird über die Herausbildung eines einheitlichen Wirtschaftsraumes nicht nur eine verbesserte Ausnutzung großbetrieblicher Produktionsvorteile gestatten. Sie wird auch den raumstrukturell relevanten Prozeß der Globalisierung der betrieblichen Absatz- und Beschaffungsmärkte, der Internationalisierung der Produktion sowie der die großen Zentren begünstigenden Tertiärisierung der Wirtschaft beschleunigen und zu einer Deregulierung bisher geschützter Bereiche (etwa im Energie- und Dienstleistungsbereich) führen, die eine Verschärfung des Standortwettbewerbs zwischen den Regionen Deutschlands und Europas auslösen wird. Damit steigen die Anforderungen an die Ausstattungsgegebenheiten der Regionen, was künftig vermehrte Anstrengungen im Sinne eines Standortmarketings verlangt. Des weiteren muß die deutsche Regionalpolitik im Gefolge der europäischen Einigung mit einer immer größer werdenden Einengung ihrer Handlungsspielräume über die Beihilfekontrollverfahren der EG-Kommission sowie über die fachpolitischen Kompetenzverlagerungen nach Brüssel (etwa im Bereich der Agrar-, Energie- und Umweltpolitik) rechnen.

Was die Regionalbeihilfen betrifft, vertritt die Kommission schon seit geraumer Zeit, insbesondere aber seit Aufstockung der Europäischen Gemeinschaft auf zwölf Mitglieder, die Auffassung, daß - gemessen an der europäischen Disparitätensituation - der flächen- und bevölkerungsmäßige Umfang der deutschen Regionalförderung in den alten Bundesländern zu hoch sei und die in bestimmten Teilgebieten gewährten Beihilfen darum eine unzulässige Wettbewerbsverfälschung darstellten. Es war daher zu erwarten, daß die EG-Kommission die in Angriff genommene Unterstützung der ostdeutschen Regionen mittelfristig nur unter der Bedingung einer weiteren Förderreduktion im westdeutschen Bereich akzeptiert. Das wird dort den Wegfall wichtiger Investitionsanreize nach sich ziehen (Rücknahme der Fördergebiete in den alten Bundesländern von 39 auf 27 Prozent der Bevölkerung).

Aufbauend auf den Ergebnissen der Strukturberichterstattung sowie der neueren Regionalforschung kann man davon ausgehen, daß die deutschen Regionen, die sich im europäischen Raum vor allem durch überdurchschnittlich hohe Löhne und Lohnnebenkosten sowie eine beachtliche Regelungsdichte auszeichnen, im verschärften europäischen Standortwettbewerb nur dann bestehen werden, wenn sie neben einem ausreichenden Flächenangebot vor allem aufzuweisen vermögen:

- eine funktionierende Infrastruktur,
- eine fachlich gute und partnerschaftlich orientierte Leistungsverwaltung,
- ein qualifiziertes Arbeitskräftepotential,
- eine gute großräumige Verkehrsanbindung,
- eine ausreichende Ausstattung mit unternehmensnahen Dienstleistungen sowie
- ein gutes "Wirtschaftsklima" verbunden mit einem guten Image.

Von besonderer Bedeutung wird dabei - wie in der Vergangenheit - die Verkehrswegeinfrastruktur sein.'' (Paul Klemmer)

Jedwede Politik, vor allem aber Raumordnung, Raumplanung und Umweltschutz sind immer wieder gefordert, die auftretenden Konflikte zwischen Einzel- bzw. Projektinteressen und dem langfristigen Wohl der Allgemeinheit zu lösen. Dabei sind eine vorausschauende Daseinsvorsorge und ganz besonders eine langfristig geplante Sicherung der natürlichen Ressourcen von besonderer Bedeutung.

Die öffentliche Hand sollte aber dabei nur in begründeten Ausnahmefällen Aufgaben übernehmen, die die Privatwirtschaft ebensogut oder besser erledigen kann. Sie soll sich auf solche Tätigkeiten, Investitionen und Unternehmen beschränken, die für das Funktionieren der Wirtschaft notwendig sind, aber niemand anderem auf Dauer überlassen werden können (Subsidiaritätsprinzip). Kurzfristige Ausnahmen sollten diese Regel bestätigen, nicht widerlegen.

Als besonders wichtige Ziele der Wirtschafts-, Sozial- und Umweltordnung der Bundesrepublik kann man zusammenfassend folgende drei Zielgruppen nennen:

1. Gesamtwirtschaftliche Stabilität und Schutz/Förderung des Wettbewerbs mit den Unterzielen
- Vollbeschäftigung
- Preisniveaustabilität
- Wirtschaftswachstum und
- außenwirtschaftliches Gleichgewicht

bei angemessener Versorgung mit Infrastruktureinrichtungen als (notwendige, aber nicht hinreichende) Voraussetzung gleichwertiger Lebensbedingungen.

2. Verteilungskorrekturen der Selbststeuerung
- Einkommens- und Vermögensumverteilung (staatl. Redistributionspolitik)
- Förderung bestimmter Wirtschaftszweige oder -regionen
- Wohlstandsangleichung für wirtschaftlich unterentwickelte Länder.

3. Schutz der natürlichen Lebensgrundlagen im Hinblick auf die Schutzziele des Gesetzes über die Umweltverträglichkeitsprüfung, die sich beziehen auf:
- Menschen, Tiere und Pflanzen, Boden, Wasser, Luft, Klima und Landschaft einschließlich der jeweiligen Wechselwirkungen,
- Kultur- und sonstige Sachgüter (§ 2 UVPG).

Man kann diese Ziele vereinfachend auch so formulieren:

Die Wirtschaftsentwicklung muß sozial- und umweltverträglich, der Umwelt- bzw. Ressourcenschutz muß wirtschaftsverträglich sein. Das Streben nach Wirtschaftswachstum einerseits und Umweltschutz andererseits führt in der Regel zu Widersprüchen und induziert somit stets Handlungsbedarf im Sinne der teilräumlichen Abwägung und Entscheidung.

In diesem Sinne stellt der Gedanke der Sozialen Marktwirtschaft (nach Müller-Armack) den Versuch dar, zu einer Synthese zu gelangen zwischen der Einsicht in die Unabdingbarkeit des

Marktgeschehens und den Bemühungen, dieses marktwirtschaftliche Organisationsgebilde mit sozialen und gesellschaftlichen Fortschritten vereinbar zu machen. Die Marktwirtschaft der Bundesrepublik Deutschland unterscheidet sich somit von dem früheren sog. Manchester-Kapitalismus durch soziale Elemente, die heute vereinfacht "Soziale Abfederung" genannt werden.

2. Funktionen der Preise und des Wettbewerbs

Im marktwirtschaftlichen System sollen die Marktpreise die optimale Verwendung der Produktions- bzw. Einsatzstoffe lenken. Preise haben dafür im Rahmen des Wettbewerbs drei Funktionen:

- Knappheits-Maßstab
  Je weniger von einem Gut oder Produktionsfaktor (Arbeit, Kapital, Boden) auf dem Markt verfügbar ist, desto höher ist sein Preis.

- Lenkungs- und Koordinationsfunktion
  Hohe Preise signalisieren Knappheit an Gütern und Produktionsfaktoren, woraufhin das Angebot ausgedehnt wird; zusätzliche Produktion führt zu zusätzlichem Angebot, und zusätzliches Angebot vermindert die Knappheit, was zu Preissenkungen führt. Ist eine Vermehrung des Angebots zeitlich, technisch oder von der Verfügbarkeit von Ressourcen her nicht möglich, zwingen höhere Preise zur Einschränkung des Verbrauchs. Umgekehrt führen (scheinbar) sehr niedrige Preise (z.B. Energie und Transport) zur Verschwendung. Im Laufe der Zeit lenken die Preise die Produktion so, daß Angebot und Nachfrage zu einem labilen Gleichgewicht koordiniert werden.

- Kompensationsfunktion
  Nach der (marktwirtschaftlichen) Theorie deckt der Preis eines Produktes alle Kosten, die bei seiner Produktion entstehen. Mit letzterem wäre (in der Theorie) auch das für die Umweltpolitik wichtige Verursacherprinzip berücksichtigt, wenn in die Preisbildung des Produktes auch der geldliche Gegenwert aller umweltbeanspruchenden Produktionsschritte einflösse.

In der Realität wird jedoch das Verursacherprinzip nicht durchgehalten, weil Emissionen/Immissionen, die die Umwelt (Luft, Wasser, Boden) belasten oder verbrauchen, sich in den Preisen nicht ausreichend widerspiegeln.

Jahrhundertelang haben öffentliche Güter, die wir heute zum Teil natürliche Ressourcen nennen, wie Luft, Wasser, Boden, als Güter gegolten, die jedermann beliebig nutzen konnte, wenn er nicht anderen durch seine Nutzung unmittelbaren Schaden zufügte. Die Industrialisierung hat dazu geführt, daß durch Übernutzung dieser natürlichen Ressourcen Natur und Gesellschaft Schaden erleiden, aber es ist noch nicht gelungen, diese ökologisch wertvollen Güter in Knappheitspreisen "einzufangen". Früher öffentliche Güter müssen deshalb heute als soziale Güter interpretiert werden, deren qualitative oder quantitative Schädigung durch umweltpolitische Maßnahmen verhütet werden muß, weil die Preise ihre Signal-, Lenkungs- und Kompensationsfunktion nicht wahrnehmen können. Insofern liegt hier ein Marktversagen vor.

3. Soziale Abfederung

Die kurze Darlegung der Funktionen der Preise hat gezeigt, daß über den Marktpreis Nachfrage und Angebot unmittelbar zusammengeführt werden. Das Angebot beeinflußt die Kombination der Produktionsfaktoren und führt über deren Entlohnung zu einer Einkommensverteilung nach der Leistung. Diese sog. primäre Einkommensverteilung als Ergebnis von Marktprozessen (Lohn, Pacht, Zins, Unternehmergewinn) wird durch die sog. sekundäre Einkommensverteilung bzw. die staatliche Redistributionspolitik beeinflußt durch:

3.1 Abzüge vom Primäreinkommen durch Steuern und Sozialabgaben, die nach Familienstand differenziert werden.

3.2 Transferzahlungen an die Haushalte, z.B. durch Konsumunterstützung oder Sparförderung.

3.3 Ein "sozial" gestaltetes öffentliches Güterangebot.

Die staatliche Redistributionspolitik versucht, die Ungleichheiten der primären Haushaltseinkommen durch entsprechende Maßnahmen zu verringern, um so die "Unbarmherzigkeit des Marktes" etwas auszugleichen. Hierzu zählen auch die Ausbildungsförderung, das Arbeitslosengeld, die Arbeitslosenhilfe, Wohngeld sowie die Zuschüsse zu Alters- oder Invaliditätsrenten. Ihren ordnungspolitischen Ausdruck findet die sekundäre Einkommensverteilung in der Durchsetzung einer "sozialen" Marktwirtschaft. In der Bundesrepublik ist die soziale Marktwirtschaft besonders durch das sog. soziale Netz gekennzeichnet, das im Regelfall bewirkt, daß kein Bürger der Bundesrepublik nachhaltige wirtschaftliche Not erleiden muß, wie Hunger, Kälte, Obdachlosigkeit und Folgen von Krankheit und Invalidität.

3.4 Steuervergünstigungen und Subventionen

Subventionen und Steuervergünstigungen sind ein Mittelding zwischen sozialer Abfederung, Industriepolitik und politischer Schwäche. Sie haben zwischenzeitlich ein Ausmaß erreicht, dessen Umfang in der öffentlichen Diskussion vielfach übersehen wird. Deshalb hat der Sachverständigenrat zur Begutachtung der gesamtwirtschaftlichen Entwicklung in seinem jüngsten Jahresgutachten auch die Bundesregierung aufgefordert, statt die Steuern zu erhöhen besser Subventionen abzubauen.

An dieser Stelle wird auf Subventionen kurz eingegangen, um aufzuzeigen, wie die soziale Abfederung auf Unternehmensebene erfolgt bzw. wofür es bisher Subventionen gibt.

Rechnet man die Werte der Tabelle 1 um auf Subventionen je Erwerbstätigen im Jahr 1987, ergeben sich u.a. die in Tabelle 2 aufgeführten, herausragenden Beträge.

Ohne diese Werte an dieser Stelle näher kommentieren zu wollen, kann festgehalten werden, daß die soziale Absicherung - wenn das auch häufig nicht bekannt ist - in einzelnen Branchen sehr beachtlich ist und bei vielen Zweifel über wirtschaftspolitische Zweckmäßigkeit und sozialpolitische Berechtigung bestehen. Betrachtet man einzelne Branchen, wird verständlich, weshalb außer dem Sachverständigenrat nicht wenige Politiker fordern, überflüssige Subventionen abzubauen, statt Steuern zu erhöhen. Gegenwärtig werden diese Zielvorstellungen in aktuelle politische Maßnahmen umgesetzt. Unabhängig davon zeigt diese Übersicht, in welchem Umfang in der Marktwirtschaft der Bundesrepublik soziale Abfederung auch im Unternehmensbereich erfolgt.

3.5 Abschließend kann man feststellen: Die Bundesrepublik Deutschland umfaßt seit dem 3.10.1990 357.000 km², die Einwohnerzahl beträgt 78.1 Mio. (Bevölkerungsdichte: in den alten Bundesländern: 246 Ew/km², in den neuen Bundesländern 157 Ew/km²; insgesamt: 222 Ew/km²)

Im 2. Halbjahr 1990 waren in der Bundesrepublik Deutschland, also West- und Ostdeutschland, insgesamt rund 33,810 Mio. Arbeitnehmer (Westdeutschland: 25,726 Mio., Ostdeutschland: 8,084 Mio.) beschäftigt.[2] Die Brutto-Lohn- und Gehaltssumme betrug 607 440 Mio. DM, wobei

Tab. 1: Subventionen (Finanzhilfen und Steuervergünstigungen von Bund, Ländern und Gemeinden) im Haushaltsjahr 1989 (d.h. im Gebiet der alten BRD)[3]

Land- und Forstwirtschaft, Fischerei	18 368 Mio. DM
Steinkohlenbergbau	8 964 Mio. DM
Maschinenbau	1 837 Mio. DM
Luft- und Raumfahrzeugbau	1 652 Mio. DM
Elektrotechnik	2 383 Mio. DM
Baugewerbe	2 232 Mio. DM
Einzelhandel	1 839 Mio. DM
Eisenbahnen	9 519 Mio. DM
Straßenverkehr	1 614 Mio. DM
Deutsche Bundespost	1 731 Mio. DM
Versicherungsunternehmen	2 901 Mio. DM
Wohnungsvermietung	10 298 Mio. DM
Bildung, Wissenschaft, Kultur	1 353 Mio. DM
Gesundheits- und Veterinärwesen	4 432 Mio. DM
Unternehmen insgesamt	86 424 Mio. DM

Tab. 2: Subventionen je Erwerbstätigen im Jahr 1987[4]

Land- und Forstwirtschaft, Fischerei	15 490 DM
Steinkohlenbergbau	35 328 DM
Mineralölverarbeitung	6 321 DM
Stahl- und Leichtmetallbau	2 329 DM
Herstellung von Büromaschinen etc.	2 386 DM
Schiffbau	7 179 DM
Luft- und Raumfahrzeugbau	10 589 DM
Tabakverarbeitung	25 917 DM
Eisenbahnen	33 029 DM
Schiffahrt/Häfen	17 375 DM
Versicherungsunternehmen	15 460 DM
Bildung, Wissenschaft, Kultur	3 157 DM
Gesundheits- und Veterinärwesen	7 319 DM
Unternehmen ohne Wohnungsvermietung	3 240 DM

das monatliche Durchschnittseinkommen in Westdeutschland 3506,- DM, in Ostdeutschland 1367,- DM betrug.

Diese wenigen Zahlen verdeutlichen, welche Bedeutung Beschäftigung bzw. Arbeitslosigkeit für den einzelnen, aber auch für die Volkswirtschaft als Ganzes hat.

Nicht erreichter Durchschnittslohn bedeutet: unterdurchschnittliche Kaufkraft und damit unterdurchschnittliche Nachfrage, die die vorhandenen Produktionsfaktoren unzureichend auslastet. Vollbeschäftigung ist somit nicht nur ein sozialpolitisches, sondern wegen der unzureichenden Auslastung der vorhandenen Kapazitäten auch ein wachstumspolitisches und damit zugleich ein regionalpolitisches Problem. In Kapitel III wird deshalb detailliert diskutiert, welche Möglichkeiten bestehen, das raumornungspolitische Beschäftigungs- und Ausgleichsziel zur Verwirklichung wertgleicher Lebensverhältnisse durch strukturpolitische Maßnahmen zu erreichen.

II. Raumordnung und Raumplanung

1. Allgemeine Aufgabenverteilung zwischen Bund, Ländern und Gemeinden

1.1 Aufgaben des Bundes und der Länder

Die Bundesrepublik Deutschland ist ein Bundesstaat, in dem sich die staatliche Gewalt auf den Gesamtstaat (Bund) und die Gliedstaaten (Länder) verteilt. Hinsichtlich der Befugnis, Gesetze zu erlassen, unterscheidet man die ausschließliche Gesetzgebung des Bundes, die konkurrierende Gesetzgebung und die Rahmengesetzgebung des Bundes. Soweit das Grundgesetz nicht ausdrücklich dem Bund Gesetzgebungskompetenz zuweist, haben nur die Länder die Gesetzgebungsbefugnis.

Im Rahmen der föderativen Ordnung des Bundesstaates legt das Grundgesetz fest, daß für bestimmte Aufgaben nur der Bund zuständig ist, für andere bestimmte Aufgaben nur die Länder. Daneben gibt es Aufgaben, bei deren Erledigung der Bund und die Länder grundsätzlich oder in einzelnen Phasen zusammenwirken müssen.

Auch die Verwaltungsbefugnisse und -aufgaben sind ähnlich der Gesetzgebung auf Bund und Länder verteilt. Das Grundgesetz unterscheidet vier Verwaltungsformen, nämlich die bundeseigene Verwaltung, die Auftragsverwaltung der Länder, die landeseigene Verwaltung und die bundesunmittelbare Selbstverwaltung.

Die Verwaltung des Bundes ist auf wenige Bereiche beschränkt. Das Bundeskanzleramt und die Bundesministerien sind Oberste Bundesbehörden. Für den Auswärtigen Dienst, die Bundesbahn, die Bundespost, die Bundeswehr, den Bundesgrenzschutz, die Verwaltung der Wasserstraßen sowie der Binnenschiffahrt und des Luftverkehrs, für die Bundesfinanzverwaltung einschließlich der Zollverwaltung und der Verwaltung der Finanzmonopole hat der Bund eine eigene Verwaltung mit eigenem Verwaltungsunterbau in Form von Mittelbehörden mit unteren Behörden oder Außenstellen. Der Bund hat auch selbständige Bundesoberbehörden wie das Bundeskartellamt und das Bundesversicherungsamt. Zur Bundesverwaltung gehören auch bundesunmittelbare Körperschaften und Anstalten des öffentlichen Rechts wie die Bundesanstalt für Arbeit, die Deutsche Bundesbank oder das Umweltbundesamt.

Der Aufgabenschwerpunkt der Länder liegt im Verwaltungsbereich; bei der Bundesgesetzgebung wirken sie über den Bundesrat mit. Die Landesregierungen haben Führungs- und Leitungsaufgaben in den Aufgabenbereichen, die ausschließlich ihrer Gesetzgebung vorbehalten sind, nämlich vor allem im Schulwesen, bezüglich der Polizei und der kommunalen Selbstverwaltung sowie der Landesplanung.

Die Landesverwaltung besteht aus Obersten Landesbehörden wie Staats- bzw. Senatskanzleien und Landesministerien. Die Ministerien haben in den größeren Flächenländern einen Verwaltungsunterbau mit Bezirksregierungen als Mittelbehörden sowie unteren staatlichen Verwaltungsbehörden und Dienststellen. Sie haben darüber hinaus landeseigene Anstalten und Körperschaften des öffentlichen Rechts (wie z.B. Universitäten und z.T. Rundfunkanstalten).

Die Landesverwaltungen führen neben den landeseigenen Aufgaben große Teile des Bundesrechtes als eigene Angelegenheiten in eigener Verantwortung aus (Bausachen, Gewerberecht, Umweltschutz); sie führen Bundesrecht im Auftrag des Bundes insbesondere bei Bundesstraßen und auch in der Ausbildungsförderung aus.

1.2 Aufgaben der Kommunen

Für die kommunale Selbstverwaltung in der Bundesrepublik Deutschland ist typisch, daß hier kein Aufbau von oben nach unten, sondern der Verwaltungsaufbau von unten nach oben erfolgt. Zuständig ist zunächst für die Regelung der öffentlichen Angelegenheiten immer die Gemeinde, solange gesetzliche Regelungen nichts anderes bestimmen. Damit die Selbstverwaltungshoheit der Gemeinden gewährleistet ist, wird in Art. 28 (2) GG bestimmt: "Den Gemeinden muß das Recht gewährleistet sein, alle Angelegenheiten der örtlichen Gemeinschaft im Rahmen der Gesetze in eigener Verantwortung zu regeln. Auch die Gemeindeverbände haben im Rahmen ihres gesetzlichen Aufgabenbereiches nach Maßgabe der Gesetze das Recht der Selbstverwaltung." Daraus wird "eine Vermutung der Allzuständigkeit der Gemeinde für Angelegenheiten, die in der örtlichen Gemeinschaft wurzeln oder auf sie einen spezifischen Bezug haben und ihre Verwaltungs- und Finanzkraft nicht übersteigen" (BVerfGE 8, 122, 134), abgeleitet.

Neben der Gewährleistung eines Aufgabenbereiches für die Kommunen beinhaltet Art. 28 Abs. 2 GG auch die Garantie, diese Aufgaben in eigener Verantwortung zu erfüllen. Die örtliche Gemeinschaft soll ihr Schicksal selbst in die Hand nehmen und "in eigener Verantwortung" solidarisch gestalten.

Staatsverwaltung und Selbstverwaltung bilden zwar einen Gegensatz, schließen sich gegenseitig aber nicht aus. Bei den Verwaltungsaufgaben der Gemeinden trennt man herkömmlicherweise zwei große Gruppen:

1. die Aufgaben des übertragenen Wirkungskreises und

2. die Aufgaben des eigenen Wirkungskreises.

Zu 1: Aufgaben des übertragenen Wirkungskreises

Bei den Angelegenheiten des übertragenen Wirkungskreises unterliegen die Gemeinden den Weisungen der Fachaufsichtsbehörden.

Von den überaus zahlreichen Aufgaben, die den Gemeinden dabei obliegen, werden nachfolgend nur einige aufgezählt, die sich stets auf den Vollzug der einschlägigen Gesetze beziehen:

- Mitwirkung bei statistischen Erhebungen, bei der Bauaufsicht, bei der Durchführung der Bundestags-, Landtags- und Kommunalwahlen, bei der Durchführung der Eichung, Ausschreibung und Aushändigung der Lohnsteuerkarten,
- Vollzug des Meldegesetzes,
- Tätigkeit als Ausweis-, Paß-, Sicherheits- und als örtliche Straßenbehörde.

Zu 2: Bei den Selbstverwaltungsaufgaben der Gemeinden sind zwei Typen zu unterscheiden:

- die freiwilligen Selbstverwaltungsaufgaben und
- die pflichtigen Selbstverwaltungsaufgaben.

Zu den freiwilligen Selbstverwaltungsaufgaben zählen die aus der Allzuständigkeit der Gemeinde abgeleiteten Aufgaben der örtlichen Gemeinschaft. Diese Aufgaben nehmen die Kommunen eigenverantwortlich wahr, wobei sie frei von jeder Weisung und Vormundschaft des Staates sind. In diesem Bereich entscheiden die Selbstverwaltungsträger (Stadt-/Gemeinderat) über das Ob und Wie der Aufgabenerfüllung in eigener Zuständigkeit aufgrund selbständiger Willensentscheidung durch ihre verfassungsmäßigen Organe. Dabei sind sie nur dem Gesetz unterworfen und unterliegen bei der Staatsaufsicht nur einer Rechtmäßigkeitskontrolle. Die Bindung an das Gesetz bedeutet zugleich, daß freiwillige Aufgaben lediglich im Rahmen der wirtschaftlichen Leistungsfähigkeit der Gemeinden übernommen werden dürfen.

Beispiele freiwilliger Selbstverwaltungsangelegenheiten sind Büchereien, Museen, Theater, Altenheime, Jugendheime, Krankenhäuser, Sportplätze und Schwimmbäder.

Im Gesamtspektrum der kommunalen Aufgaben ist der Anteil der freiwilligen Selbstverwaltungsaufgaben in letzter Zeit ständig zurückgegangen. Das hat zwei Gründe: zum einen neigt der Bund häufig dazu, Aufgaben, die einzelne Gemeinden als individuelles Betätigungsfeld bestimmt haben, unter Berufung auf das Verfassungspostulat der Schaffung gleichwertiger Lebensverhältnisse gesetzlich flächendeckend einheitlich zu normieren. Zum anderen haben die Gemeinden angesichts des ständig enger werdenden finanziellen Spielraums häufig nicht mehr ausreichende Möglichkeiten, freiwillige Selbstverwaltungsaufgaben auch zu erfüllen.

Bei der zweiten Gruppe, den pflichtigen Selbstverwaltungsaufgaben, sind die gemeindlichen Selbstverwaltungskörperschaften gesetzlich dazu verpflichtet, diese Aufgaben zu erfüllen. Es unterliegt deshalb nicht mehr ihrer Entschlußfreiheit, ob sie diese Angelegenheiten in ihren Wirkungskreis einbeziehen wollen. Die Entscheidung hinsichtlich des "Ob" der Aufgabenwahrnehmung hat hier der (Bundes-) Gesetzgeber getroffen. Die kommunale Gestaltungsfreiheit besteht lediglich noch bezüglich des "Wie" der Durchführung der gesetzlich vorgeschriebenen Aufgabe. Die Eigenverantwortlichkeit wird in diesen Fällen nicht mehr in der Übernahme, sondern nur noch in der Durchführung der Aufgaben sichtbar. Beispiele pflichtiger Selbstverwaltungsaufgaben, die gesetzesabhängig sind: Errichtung und Unterhalt von Pflichtschulen, Fürsorgeangelegenheiten, Aufgaben der Jugendwohlfahrt, Straßenbau und Straßenunterhaltung, Aufstellung von Flächennutzungs-, Bauleit- und Bebauungsplänen, Genehmigung von Bauvorhaben.

2. Aufgabenverteilung in der Raumplanung zwischen Bund, Ländern und Gemeinden

2.1 Die aktuelle Aufgabenstellung

Raumplanung vollzieht sich insbesondere in den Ländern als "Landesplanung" auf Landes- und Regionalebene, in den Gemeinden als Bauleitplanung. Raumordnung ist hierbei in der Bundesrepublik Deutschland nach dem Bundesraumordnungsgesetz (vergl. Anhang) diejenige

Tätigkeit des Staates, die übergeordnet, überörtlich und zusammenfassend die raumwirksamen Aktivitäten der öffentlichen Hände aufeinander abstimmt und hierfür widerspruchsfreie Konzepte schafft, um die angestrebte räumliche Ordnung der Verteilung der Daseinsfunktionen der Menschen im Raum zu verwirklichen. Übergeordnet heißt dabei, daß die Raumordnung rechtlich den Vorrang hat gegenüber der gemeindlichen Bauleitplanung und den verschiedenen Fachplanungen der öffentlichen Hand, wie etwa der Straßenplanung, der Planung für Verteidigung, Fernmeldeeinrichtungen usw. Überörtlich meint, daß der räumliche Bereich, auf den sich die Raumordnung bezieht, stets größer ist als der räumliche Bezirk der Gemeinde und daß sie rahmensetzende Planung ist. Als Mittel zur Erfüllung ihrer Aufgabe bedient sich die Raumordnung vorrangig des Instruments der Programme und Pläne.

Die Entwicklung und Ordnung des Gesamtraumes und seiner Teilräume kann nicht von den einzelnen "Fachplanungen" unabhängig voneinander in Angriff genommen werden. Die wirtschaftliche und infrastrukturelle Gestaltung des Raumes, der Schutz der natürlichen Lebensgrundlagen wie Luft, Wasser, Boden, Arten- und Pflanzenschutz sowie die allgemeine Daseinsvorsorge bedürfen der Koordination der einzelnen Fachplanungen und Einzelinteressen durch eine querschnittsorientierte Raumplanung. Bei den häufig unvermeidbaren Konflikten zwischen unterschiedlichen Interessen kommt der Raumplanung als Verwaltungsinstanz, die im Sinne einer umfassenden Daseinsvorsorge die Interessenabwägung und Entscheidung nach den Interessen des Allgemeinwohls zu treffen hat, eine kaum zu überschätzende Bedeutung zu. Sie ist, wenn sie denn erfolgreich im Sinne ihrer Aufgabenstellung ist, die entscheidende raumprägende und standortbildende Instanz, und nur sie ermöglicht eine den jeweiligen Zielen der Gesellschaft entsprechende Befriedigung der unterschiedlichen Nutzungsansprüche an den Raum bzw. die Fläche.

Die Notwendigkeit einer effizienten Raumplanung wird am Beispiel der fünf neuen Länder besonders deutlich, da private Investoren - abgesehen von der Verfügbarkeit über Grundeigentum - sich so lange zurückhalten werden, wie die zukünftigen Standortbedingungen, insbesondere was die Qualität und Leistungsfähigkeit der wirtschaftsnahen Infrastruktur, die angestrebte räumliche Entwicklung und die vorgesehene Entwicklung der in Aussicht genommenen Standorte zu Mittel- und Oberzentren angeht, unbekannt sind. Die Territorialplanung der ehemaligen DDR darf nicht mit Raumplanung gleichgesetzt werden, weil sie der zentralen Wirtschaftsplanung nachgeordnet war und deswegen der Investitionstätigkeit der Betriebe keine Vorgaben machen konnte. Darüber hinaus war sie an der Akzeptanz raumplanerischer Festlegungen durch die betroffenen Gemeinden oder Einzelpersonen nicht interessiert. Um so wichtiger ist es jetzt, jegliche Planung mit den betroffenen Bürgermeistern und Landräten vorzubereiten, damit sie entsprechend informiert und überzeugt mit den Investoren verhandeln können. An die Stelle der "Planung von oben" muß die Raumplanung im "Gegenstromprinzip" treten, bei der ein ständiger Austausch von Argumenten und Informationen zwischen Raumplanung, Fachplanung und den Betroffenen stattfindet mit dem Ziel, die zeit- und raumbedingt beste Lösung zu finden.

Volkswirtschaften, Regionen und Orte konkurrieren untereinander um die räumliche Verteilung von Menschen, Unternehmen und finanziellen Mitteln. Da sich die fünf neuen Länder, gemessen an den westlichen Bundesländern und an vielen anderen europäischen Regionen, noch in einer recht ungünstigen Lage befinden, muß wichtigstes Ziel der Raumplanung die Verbesserung der Wettbewerbssituation durch möglichst optimale Infrastruktureinrichtungen und einen hohen Umweltqualitätswert sein. Gelingt es, die einzelnen Teilräume attraktiv zu gestalten, werden die vorhandenen Betriebe nicht abwandern wollen und sich darüber hinaus neue Unternehmen ansiedeln.

Alle in Frage kommenden Instanzen müssen sich daher in den neuen Bundesländern aller Faktoren annehmen, die Standortentscheidungen von Unternehmen und Arbeitnehmern nachhaltig beeinflussen. Hierzu gehört vor allem ein räumliches Leitbild (Planungskonzept), das auch in der Lage ist, unterschiedliche sektorale Programme zu integrieren, wie z.B. Verbesserung der natürlichen Umwelt einschließlich der Erholungsgebiete und der wirtschaftsnahen Infrastruktur, Angebot von preiswerten und gut erschlossenen Gewerbegebieten, Bereitstellung von Grundstücken für den Bau von Wohnungen und Einfamilienhäusern, gute Bildungs- und Fortbildungsmöglichkeiten, kulturelle Angebote, auch Anlagen für Freizeit und Sport. Eine derartige Aufgabenstellung leitet sich auch aus § 1, Abs. (1) ROG ab, nach dem die Raumordnung darauf hinzuwirken hat, daß gleichwertige Lebensbedingungen in allen Teilräumen geschaffen werden.

Mit anderen Worten: die einzelnen Gemeinden sollten sich in Zusammenarbeit mit der Landesplanung darum bemühen, ein gutes "Standortimage" zu schaffen, das sie dann auch mit Nachdruck bei potentiellen Investoren und Arbeitskräften zugunsten ihres Raumes in die jeweiligen Verhandlungen einführen können.

2.2 Der Beitrag des Bundes

Nach Art. 75 Ziff. 4 (GG) hat der Bund im Bereich der Raumordnung lediglich das Recht, Rahmenvorschriften über die Raumordnung zu erlassen, während die Landesplanungshoheit bei den Ländern liegt. Durch das Raumordnungsgesetz (ROG) hat der Bund diese Kompetenzen ausgeschöpft. Der Bund hat die Grundsätze der Raumordnung für seine Planungsträger und für die Landesplanung im Raumordnungsgesetz (§ 2 ROG) formuliert. Die Ministerkonferenz für Raumordnung hat sie im Bundesraumordnungsprogramm v. 14.2.1975 ausgeformt und eine Konzeption für die gesamträumliche Entwicklung der Bundesrepublik Deutschland erarbeitet. Für ein neues bundesweites Raumordnungskonzept spricht, daß das Zusammenwachsen beider Teile Deutschlands und ihre Einbindung in den neuen europäischen Integrationsprozeß veränderte raumordnungspolitische Ansätze fordern. Deshalb sollten die 1989 novellierten Leitvorstellungen und Grundsätze der Raumordnung den neuen Rahmenbedingungen sowie den Aufgaben der Raumordnung in Deutschland und Europa angepaßt werden.

Dabei handelt es sich im wesentlichen um folgende Neuerungen, die gerade auch für die neuen Bundesländer von Interesse und besonderer Bedeutung sind:

- Als Ausdruck der gestiegenen Bedeutung des Umweltschutzes werden der Schutz, die Pflege und Entwicklung der natürlichen Lebensgrundlagen als Leitvorstellungen in das Raumordnungsgesetz aufgenommen (§ 1 Abs. 1 Nr. 2).

- Dem Erfordernis einer zukunftsorientierten räumlichen Vorsorgepolitik entsprechend gilt als Leitvorstellung die Offenhaltung von Gestaltungsmöglichkeiten der Raumnutzung (§ 1 Abs. 1 Nr. 3).

- Außerdem werden erstmals gleichwertige Lebensbedingungen der Menschen in allen Teilräumen des Bundesgebietes als Leitvorstellung ausdrücklich im Gesetz genannt (§ 1 Abs. 1 Nr. 4).

- Der ländliche Raum mit seinen Strukturproblemen und seinen Chancen wird als wesentlicher Aufgabenbereich der Raumordnung angesprochen (§ 2 Abs. 1 Nr. 6). Beachtenswert ist in diesem Zusammenhang auch die Aktualisierung der Zielsetzungen für die land- und forstwirtschaftliche Bodennutzung (§ 2 Abs. 1 Nr. 7).

- Die Aussagen zur Funktion der Verdichtungsräume werden der räumlichen Entwicklung angepaßt (§ 2 Abs. 1 Nr. 5).

- Bestimmte fachliche Aspekte des Umweltschutzes werden im Katalog der Grundsätze der Raumordnung ergänzt (§ 2 Abs. 1 Nr. 8).

- Erholung, Freizeit und Sport werden erstmals ausdrücklich als Erfordernisse der Raumordnung angesprochen (§ 2 Abs. 1 Nr. 12).

Diese veränderten Aufgaben aufgrund neuer Herausforderungen, Rahmenbedingungen oder Veränderungen der Gesellschaft zwingen dazu, im Rahmen der Raumplanung auf allen Ebenen sektorale Maßnahmen mit regionalen Entwicklungskonzepten abzustimmen. Hier ist die Mobilisierung regionaler Eigenkräfte besonders gefragt. Für die Regionalplanung hat dies zur Konsequenz, daß die Koordination raumbedeutsamer Fachplanungen immer wichtiger wird. Dieser Trend weist deutlich in Richtung "räumliche Leitbilder oder Planungskonzepte", die für fachliche Themen auf regionaler Ebene in Betracht kommen, wie z.B. die Abfallentsorgung, die Wasserversorgung oder der Natur- und Landschaftsschutz.

2.3 Die Aufgabenerfüllung in den Ländern

2.3.1 Programme und Pläne als wichtige Instrumente

Die Länder können die Grundsätze des Raumordnungsgesetzes räumlich und sachlich in Zielen der Raumordnung und Landesplanung (§ 5 Abs. 1 ROG) konkretisieren und eigene Grundsätze (§ 2 Abs. 3 ROG) aufstellen; diese sind für die Träger der Fachplanung und der Bauleitplanung verbindlich. Die demokratische Legitimation hierfür ergibt schon daraus, daß die Landesentwicklungsprogramme und -pläne vom Parlament selbst oder von der Exekutive aufgrund einer gesetzlichen Ermächtigung verbindlich gemacht werden.

Die alten Länder haben im Bereich der Landesplanung alle durch entsprechende Landesplanungsgesetze die Organisation und den Handlungsspielraum der Landes- und Regionalplanung in ihren Ländern geregelt (In den neuen Ländern ist dieser Prozeß angelaufen). Entsprechend groß ist die Zahl von verbindlichen Raumordnungs- und Landesentwicklungsprogrammen, Landesentwicklungsplänen und Regionalplänen. In der Regel enthalten diese Programme und Pläne relativ konkrete Zielvorstellungen, mittels derer man eine Gesamtkonzeption für die einzelnen Länder bzw. Regionen entwickeln kann. Damit stellen sie im Prinzip eine gute und fortschreibungsfähige Grundlage für eine koordinierte Raumordnungspolitik in den Ländern dar. Sie sind eine unverzichtbare Voraussetzung für eine geordnete räumliche Entwicklung.[5]

2.3.2 Regionalplanung

Auf der Regionsebene gibt es in den alten Bundesländern verschiedene Regelungen. In den neuen Bundesländern steht der Landesgesetzgeber vor der doppelten Alternative,

- ob er eine Versammlung von Repräsentanten der Region nur als Beirat oder aber als Beschlußorgan einrichtet und
- ob er die Regionalplanung mit der staatlichen Landesplanung oder aber mit der kommunalen Planung enger verklammern will.

Die Anbindung der Regionalplanung an die staatliche Mittelinstanz hat den Vorteil, daß

- dort die meisten raumbedeutsamen Fachplanungen und Förderprogramme in einer Behörde gebündelt sind,
- staatliche Strukturpolitik so auch über die Regionalplanung leichter durchgesetzt werden kann,
- lokale Sonderinteressen ein regionales Siedlungs- und Freiraumkonzept weniger behindern.

Die Akademie empfiehlt - angepaßt an die jeweilige Verwaltungsstruktur - den neuen Bundesländern als Organisationsform der Regionalplanung ein Verbandsmodell, weil

- die Übertragung der Regionalplanung auf eine eigenverantwortliche Selbstverwaltungskörperschaft die Mitwirkung von Kommunalpolitikern stärker aktiviert,
- eine besonders enge Verzahnung zwischen Regionalplanung und Bauleitplanung möglich ist, weil so mehr kommunale Entwicklungsvorstellungen und mehr kommunaler Sachverstand in die Regionalplanung eingebracht werden und sich die Akzeptanz regionalplanerischer Entscheidungen dadurch erhöht,
- kommunale Aufgaben, die überörtlich wahrzunehmen sind, erfüllt oder gefördert werden können und
- der politische Wille der Region gegenüber staatlichen Planungen und Förderprogrammen deutlicher artikuliert werden kann.

Die Regionalplanung hat auch bei einer mehr kommunalen Orientierung im Sinne des Gegenstromprinzips an den Plänen und Programmen der Landesplanung und bei den Raumordnungsverfahren mitzuwirken und sich an den staatlichen Fachplanungen zu beteiligen. Auch in den neuen Bundesländern ist das Verbandsmodell längerfristig besser geeignet, die Beteiligung der Bürger an der Lösung regionaler Probleme als Teil der demokratischen Mitbestimmung auszuprägen.

Für die Regionalplanung in den neuen Bundesländern gilt in besonderem Maße, daß sie sich in den nächsten Jahren inhaltlich den neuen Herausforderungen stellen muß. Das gilt insbesondere für

- die Folgen der Verwirklichung der deutschen Einheit,
- die Vollendung des europäischen Binnenmarktes und die Öffnung der europäischen Gemeinschaft nach Osteuropa,
- die Bewältigung des wirtschaftlichen Strukturwandels,
- die Sicherung der natürlichen Lebensgrundlagen sowie
- eine sinnvolle Steuerung konsum- und freizeitbezogener Raumansprüche.

Mit diesen neuen Herausforderungen werden großräumig, aber auch im regionalen Bereich gesehen, wichtige Probleme in der Verkehrsentwicklung entstehen, die eine neue großräumige, ökologisch orientierte Raumordnungs- und Verkehrskonzeption für das Bundesgebiet und darüber hinaus verlangen. Das gilt andererseits auch für das Problem "Flächenverbrauch und Freiraumschutz", dem sich gerade auch die Regionalplanung im einzelnen stellen muß. Von besonderem regionalpolitischem Gewicht ist darüber hinaus auch die Sanierung und Reaktivierung brachfallender Siedlungsflächen und die zukünftige Nutzung brachfallender landwirtschaftlicher Flächen. Hier besteht für die Landes- und Regionalplanung u.a. ein wichtiger Ansatzpunkt, durch Information, Überzeugung, Beratung und Vermittlungsbereitschaft einen wichtigen Beitrag für die Aktivierung von Wohnungs- und Gewerbeflächenpotential - vor allem konzentriert auf die Mittelzentren als Entwicklungsschwerpunkte - zu leisten.

2.3.3 Raumordnungsverfahren und Umweltverträglichkeitsprüfung

Neben Programmen und Plänen spielt die Einzelkoordination - auch durch Raumordnungsverfahren - eine bedeutende Rolle.

Das Raumordnungsgesetz (§ 6a ROG) versteht das Raumordnungsverfahren (ROV) als ein Instrument der Landesplanung, mit dem raumbedeutsame Planungen und Maßnahmen untereinander und mit den Erfordernissen der Raumordnung abgestimmt werden. Zugleich soll das Verfahren die erste Stufe einer Umweltverträglichkeitsprüfung (UVP) für das zugrundeliegende Projekt sein. Die Verfahrensergebnisse sind bei nachfolgenden Entscheidungen, beispielsweise bei Zulassungs- oder Planfeststellungsverfahren, als sonstige Erfordernisse in die Abwägung einzustellen. Damit bestimmt das Rahmenrecht dieses Verfahren als ein Instrument zur projektbezogenen Einzelkoordination, auf das auch im Rahmen eines beschleunigten Planungsverfahrens nicht verzichtet werden sollte.

Das ROG weist den Weg für weitergehende Regelungen und für die Planungspraxis: Als Koordinationsverfahren ist das ROV so auszugestalten, daß in einem sehr frühen Planungsstadium die Raum- und Umweltwirkungen des beabsichtigten Projekts geprüft werden können. Diese Klärung ist nur dann möglich, wenn sich der Fachplanungsträger noch nicht verbindlich festgelegt hat; denn die Untersuchung möglicher Alternativen - einschließlich der Nullvariante - ist ein wesentlicher Inhalt des ROV. Dazu sind berührte Fachplanungen untereinander abzustimmen; die Übereinstimmung mit den Zielen der Landesplanung ist zu bestätigen oder herbeizuführen. Durch diese frühe Prüfung der Raum- und Umwelterheblichkeit können erkennbare Konflikte aufgezeigt und Lösungen rechtzeitig angeboten werden. Das ROV dient damit der Vorabklärung. Es nimmt mit dieser Funktion einen wichtigen Standort in einem gestuften Planungsprozeß ein.

Dies ist aus Gründen der Arbeitsökonomie und Kostenersparnis von Bedeutung: Bevor kostspielige und zeitaufwendige Detailplanungen vorbereitet werden, ist im ROV zunächst zu klären, ob und wo das vorgesehene Projekt überhaupt oder evtl. nur bei Einhaltung bestimmter Auflagen in Betracht kommt. In aller Regel werden dabei Trassen oder Standorte nicht "parzellenscharf" bestimmt.

Auch dann, wenn die Ergebnisse des Verfahrens sodann den weiteren Entscheidungsschritten zugrunde gelegt werden, bleiben meistens weitergehende Prüfungen notwendig. Bei einem solchen Vorgehen konkretisiert sich die ursprüngliche Planungsidee über die raumordnerische Abklärung im ROV und die detaillierte Projektplanung hin bis zum Planvollzug. In diesem gestuften Planungsprozeß ist die Vorbereitung und Durchführung des ROV an dem Planungsstand und der Verfahrensfunktion zu orientieren:

- Die Verfahrensunterlagen müssen die Raum- und Umwelterheblichkeit des Projekts deutlich erkennen lassen. Für die UVP im ROV sind in der Regel Umweltstudien und Wirkungsanalysen notwendig.

- Im Verfahren sind alle von dem Projekt berührten öffentlichen Planungsträger (z.B. Gemeinden, Behörden) zu beteiligen. Die Öffentlichkeit ist in geeigneter Weise in das Verfahren einzubeziehen.

- Die abschließende Entscheidung ist unter Abwägung der Raumordnungsgrundsätze und im Rahmen der verbindlichen Ziele der Landesplanung zu treffen. Die raumordnerische Abwägung und die Gründe für die getroffene Entscheidung müssen erkennbar sein.

Mit dieser Funktion ist das ROV ein wichtiges Hilfsmittel, um neben der Aufstellung von Programmen und Plänen einen zweiten Aufgabenbereich der Landesplanung - die Abstimmung von raumrelevanten Projekten - zu erfüllen. Mit dem ROV ist es möglich, in einem frühen Planungsstadium raum- und umweltverträgliche Lösungen für die nachfolgenden Planungsphasen aufzuzeigen.[5a]

2.4 Aufgabenstellung in den Gemeinden, insbesondere Bauleitplanung (Flächennutzungs- und Bebauungsplan)

Das äußere Erscheinungsbild einer Stadt unterliegt dem Wandel der Zeit ebenso wie die Vorstellungen darüber, wie eine Stadt zu gestalten ist. Sie sind das Ergebnis der geschichtlichen Entwicklung und der Ausdruck der jeweilig maßgebenden gesellschaftlichen, ökonomischen, kulturellen und technologischen Rahmenbedingungen. Es gibt kein einheitliches Bild der idealen Stadt; jede Zeit hat sich ihre Stadt vorgestellt und geformt. Auch das Gesicht der heutigen Großstadt ist geprägt nicht durch einen einheitlichen Planungsgedanken, sondern durch unterschiedliche Vorstellungen und Stile, nicht durch eine ungebrochene und harmonische Entwicklung, sondern durch Zerstörung und Wiederaufbau, durch Überlagerungen von Vergangenem und Gegenwärtigem, durch Gestaltungswillen und reines Zweckdenken.

Der Arbeitsbereich der Stadtplanung umfaßt eine Fülle verschiedener Tätigkeitsfelder und Sachverhalte, die sich nicht leicht in ein klar geordnetes System bringen lassen. So fällt es schwer, Stadtplanung kurz und zugleich umfassend zu definieren.

Stadtplanung kann man als systematische Einflußnahme des Gemeinwesens auf die räumliche Verteilung menschlicher Tätigkeit definieren.

Der Begriff Einflußnahme mag auf den ersten Blick zu bescheiden erscheinen, wenn man weiß, daß in der Stadtplanung vielfach von Festsetzungen, Bestimmungen und Entscheidungen gesprochen wird. Gewiß gehören auch zwingende rechtliche Vorschriften zu den Werkzeugen der Stadtplanung, aber ihr Einsatz ist meist durch politische und wirtschaftliche Bindungen eingeschränkt. Handlungsspielraum und Wirkungsmöglichkeiten der Stadtplanung weisen also deutlich Grenzen auf, so daß der Begriff der Einflußnahme die tatsächlichen Verhältnisse in marktorientierten Wirtschaftssystemen zutreffend wiedergibt. Hier nämlich haben wir es in der Regel mit einer Wechselwirkung zwischen Investoren privaten und öffentlichen Charakters - mit bestimmten Investitions-, Nutzungs- und Gestaltungsabsichten - einerseits und planerischen Zielvorstellungen der Gemeinde für ihr Gesamtgebiet andererseits zu tun.

Solche Zielvorstellungen richten sich idealtypisch - wie alles Handeln öffentlicher Entscheidungsträger - auf das Allgemeinwohl. Allerdings kann dieses Allgemeinwohl unter verschiedenen politischen Prämissen und zu verschiedenen Zeiten unterschiedlich interpretiert werden: unterschiedlich nicht nur in der Richtung, sondern auch im Umfang dessen, was inhaltlich darunter begriffen wird. So waren die Motive der öffentlichen Einflußnahme im 19. Jahrhundert weitgehend auf die Abwendung von Gefahren, auf die Aufrechterhaltung von Sicherheit und Ordnung beschränkt, während später immer weitere Bereiche der Daseinsvorsorge bis hin zu deutlich gesellschaftspolitischen Komponenten einbezogen wurden. In jedem Falle geht es dabei um Ziele, die ohne eine solche Einflußnahme nicht oder zumindest nicht mit hinreichender Sicherheit erreichbar wären, für die also der Markt, das freie Spiel der Kräfte keine Vorsorge trifft. Dies ist die eigentliche Rechtfertigung für derartige planerische Eingriffe in die Entscheidungsfreiheit des einzelnen.[6]

Die Verknüpfung von Raum- und Stadtplanung wird besonders deutlich, wenn man sich in diesem Zusammenhang Aufgabe, Begriff und Grundsätze der Bauleitplanung sowie die vom Baugesetzbuch vorgesehene Beteiligung der Bürger und der Träger öffentlicher Belange vergegenwärtigt. Deshalb werden im Anhang die hierzu einschlägigen "allgemeinen Vorschriften" des Baugesetzbuches im Wortlaut zitiert.

Raum- und Stadtplanung sind eng miteinander verknüpft und führen Bürger und die Träger öffentlicher Belange im Rahmen des öffentlichen Planungsprozesses zusammen. Der Flächennutzungsplan bereitet den Bebauungsplan der Gemeinde vor, in dem die zukünftige Nutzung der Grundstücke festgelegt wird. Beide Pläne haben die Aufgabe, für eine geordnete städtebauliche Entwicklung zu sorgen, bei der dem Wohle der Allgemeinheit, insbesondere der Umwelt, und den verschiedenen sozialen, kulturellen und wirtschaftlichen Bedürfnissen der Bevölkerung Rechnung getragen wird. Die Verantwortung für ihre Aufstellung tragen die Gemeinden, die die Bürger umfassend informieren und an der Planung beteiligen müssen. Außerdem haben die Gemeinden ihre Pläne mit benachbarten Gemeinden abzustimmen und den Zielen der Landesplanung anzupassen (§§ 1, 2 und 3 des BauGB).[6a]

Für den Bereich des Wohnungsbaues muß man vermutlich aus der jeweiligen örtlichen Situation heraus entscheiden, welche Wege am schnellsten zum Neubau bzw. zur Modernisierung und Instandsetzung bestehender Wohnungen führen. Man darf zwar nicht die Ansicht vertreten, daß zur Beseitigung der Arbeitslosigkeit der Zweck jedes Mittel rechtfertigt, aber man wird sicherlich auch nicht jedes Detail bei den entsprechenden Ausführungsbestimmungen berücksichtigen müssen. Die Beseitigung baulicher Mängel an Dach und Fassade, Heizungsmodernisierung und Wärmedämmung, Erneuerung von Sanitäranlagen sind jedenfalls äußerst beschäftigungswirksame Maßnahmen, die obendrein den Menschen die Möglichkeit geben, sich wieder "wohl zu fühlen".[7]

Gesicherte volkswirtschaftliche Erkenntnisse besagen, daß das örtliche Einkommen erheblich steigt, wenn die örtlichen Firmen Aufträge erhalten. Es gilt deshalb, möglichst umgehend mit einfachen Mitteln Planungssicherheit zu schaffen, die erforderlichen Beschlüsse herbeizuführen und das verfügbare Geld auszugeben. Arbeitslosigkeit wird durch Auftragsvergabe abgebaut.

Nicht zuletzt aus diesem Grund hat der Bund z.B. 1.35 Mrd. DM für den kommunalen Wohnungsbau zur Verfügung gestellt.

Der Abbau von Arbeitslosigkeit und damit zugleich der Wegfall eines verständlichen Abwanderungsmotivs wird aber nicht erreicht, wenn die zur Vergabe gedachten Gelder als Festgeld angelegt oder gar gespart werden. Schnelle Bezahlung von zahlreich zu vergebenden Aufträgen und die vielfältigen Möglichkeiten der Kreditfinanzierung sind das Gebot der Stunde!

3. Die Planungsinstrumente der Raumordnung

3.1 Einführung

Raumordnung als Aufgabe ist Teil der staatlichen Daseinsvorsorge, die von der sog. Leistungsverwaltung zu erbringen ist. Sie hat dabei den gesellschaftlichen Vorstellungen zu entsprechen. Das bedeutet, daß das Beziehungsverhältnis zwischen Gesellschaft, Wirtschaft, Flächenanspruch und raumgestaltender Leistungsverwaltung ständig zu überprüfen ist.

Planen im Sinne der Tätigkeit der Raumordnung ist letztlich nur soweit erfolgreich, wie es dem engagierten und politisch erfahrenen Planer gelingt, auf seiner jeweiligen Ebene für seine - am Allgemeinwohl orientierten - Vorschläge parlamentarische Mehrheiten zu erreichen. Ohne sehr engagierte Arbeit in fachlicher Hinsicht und "Aufklärung" im vorparlamentarischen Raum werden sich im Widerstreit einer unterschiedliche Ziele verfolgenden, d.h. pluralistischen Gesellschaft nur begrenzte Erfolge einstellen.

Einen guten Überblick über das vielfältig verwobene Arbeiten der Raumplanung gibt die Übersicht 1 "System der Raumplanung" (S. 20).

3.2 Raumordnungspläne

Die Raumordnungsbehörden erfüllen ihren überfachlichen Koordinationsauftrag insbesondere durch raumordnerische Äußerungen und Stellungnahmen zu Bauleitplänen und durch Raumordnungsverfahren. Die Maßstäbe hierfür ergeben sich vor allem aus den Grundsätzen, Zielen und sonstigen Erfordernissen der Raumordnung und Landesplanung. Sie sind in den Raumordnungsplänen enthalten, die auf Landes- und Regionalebene aufzustellen sind. Bis in den neuen Bundesländern weitergehende Grundsätze und Ziele dieser Art verbindlich werden, können sich die Raumordnungsbehörden auf Entwürfe stützen. Auch daraus sind sonstige Erfordernisse der Raumordnung und Landesplanung abzuleiten.

Übersicht 1: System der Raumplanung

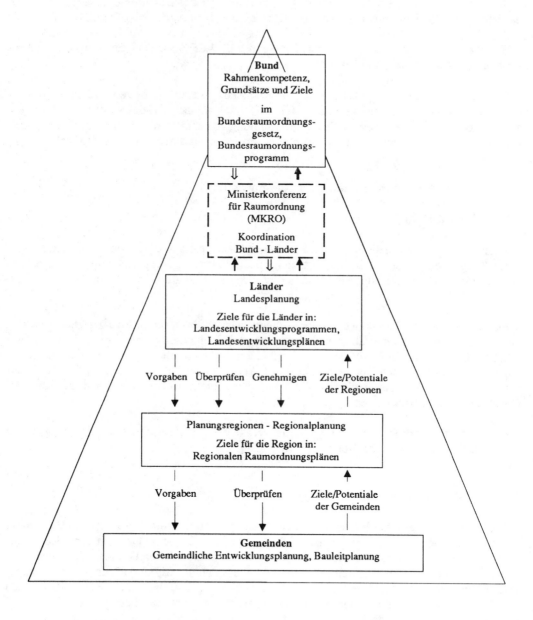

Quelle: Seifert, Volker: Regionalplanung, in: Das Geographische Seminar, Hrsg.: E. Ehlers, H. Leser, Braunschweig 1986, S. 11.

3.2.1 Landesentwicklungsprogramm/plan

Um Zeitverluste zu vermeiden, empfiehlt die Akademie, die wichtigsten raumordnungspolitischen Grundsätze vorweg zu formulieren und dem Landtag zur Verbindlicherklärung zuzuleiten.

Für eine Übergangszeit können die wichtigsten raumordnungspolitischen Grundsätze, aber auch die vordringlichsten Ziele der Raumordnung und Landesplanung dadurch sofort als Instrument der Raumordnung wirksam gemacht werden, daß - nach interministerieller Abstimmung - die Landesregierung beschließt,

- den Entwurf zur Anhörung der öffentlichen Planungsträger sowie zur Veröffentlichung freizugeben,
- die Landesbehörden anzuweisen, den Entwurf ab sofort als vorläufiges Landesraumordnungsprogramm zu beachten,
- den Bundesbehörden sowie den Gemeinden und Landkreisen zu empfehlen, den Entwurf des Landesraumordnungsprogramms bei ihren raumbedeutsamen Planungen und Maßnahmen zu berücksichtigen.

3.2.2 Inhalte der Landesentwicklungspläne und Regionalpläne

Da ein Landesentwicklungsplan und ein Regionalplan verbindliche Ziele der Raumordnung und Landesplanung enthalten, müssen bei der Aufstellung die Gemeinden und Landkreise sowie die anderen öffentlichen Planungsträger beteiligt werden. Es ist zulässig, besonders vordringliche Teile vorweg aufzustellen; auch diese Entwürfe enthalten bereits sonstige Erfordernisse der Raumordnung und Landesplanung, sobald sie im Anhörungsverfahren veröffentlicht sind.

Vordringliche Teile eines Landesentwicklungsplans könnten insbesondere sein:

- die Ausweisung von Oberzentren und Mittelzentren mit ihren Verflechtungsbereichen sowie deren Verknüpfung durch Entwicklungsachsen,
- die Abgrenzung der Verdichtungsräume, ihrer Randzonen, des Ländlichen Raumes und besonderer Fördergebiete,
- die Festlegung großräumiger infrastruktureller Maßnahmen, wie z.B. Verkehrsverbindungen,
- die Ausweisung sachlich und zeitlich vorrangig schutzbedürftiger Bereiche.

Zu den vordringlichen Teilen eines Regionalplanes könnten gehören:

- überörtliche Funktionen von Gemeinden,
- regional bedeutsame Standorte für Gewerbe, Industrie und Dienstleistungen,
- Vorsorge-Standorte für übergemeindliche Ver- und Entsorgungsanlagen,
- Vorrangbereiche für Freizeit und Erholung.

Sobald so die Aufstellung eines Zieles der Raumordnung und Landesplanung ''eingeleitet'' ist, kann die Raumordnungsbehörde widersprechende Planungen und Maßnahmen vorübergehend untersagen (§ 7 ROG).

3.3 Planung durch Information sowie Beratung

Die klassischen Aufgaben der Landes- und Regionalplanung (z.B. querschnittsbezogene Koordinierung, Ordnungs- und Entwicklungsplanung), die elementaren Ziele und Grundsätze (z.B. Ausgleichsziel, Erhalt und Sicherung der Entwicklungs- und Lebensgrundlagen) und das Instrumentarium (Zentrale Orte, Vorranggebiete, Achsen) werden, wenn auch teilweise mit gewissen Akzentverschiebungen, ihre grundsätzliche Bedeutung auch in der Zukunft behalten.

Mit der wachsenden inhaltlichen und politischen Komplexität der von Landes- und Regionalplanung in Angriff zu nehmenden Aufgaben wird aber auch die informelle Einflußnahme der Raumordnung wachsen müssen. Zu befriedigen sind ein steigender Bedarf an qualifizierten, ziel- und adressatengerichteten Informationen für Planer und Planungsbetroffene, an beratender Planung und Zusammenarbeit in horizontaler und vertikaler Richtung, an entscheidungsvorbereitender Informations- und Beratungspolitik für politische Gremien.

Landes- und Regionalplanung verfügen hier bereits über Handlungspotentiale, die es nach Bedarf weiterzuentwickeln gilt. Es existiert beispielsweise ein mehrheitlich ausgefeiltes und bewährtes Berichtswesen, es bestehen flächendeckende, differenzierte Raumbeobachtungsmethoden vor dem Hintergrund der jeweiligen Raumkenntnis, Bewertungs- und Entscheidungsverfahren sowie verschiedenste Formen der Bilanzierung und andere anschauliche Möglichkeiten der Informationsdarstellung. Raumordnungskataster, Flächenhaushaltspolitik/kataster/bilanzen oder Teilraumgutachten sind hier adäquate Stichworte.

Informelle Gespräche zwischen unterschiedlichsten Beteiligten mit dem Ziel, gemeinsame Interessen der Entwicklung in einem Teilraum zu koordinieren, nehmen zwar an Bedeutung zu und sind zugleich auch ein wichtiges Element bei der konkreten Ausgestaltung des Gegenstromprinzips. Mit der wachsenden Komplexität dieser Aufgabe zeigen sich für die Landes- und Regionalplanung aber auch die Grenzen der Koordinierung durch Information, Kooperation und Konsensfindung. Wenn es um die Durchsetzung und Umsetzung raumordnungspolitischer Überlegungen und die verbindliche Einbeziehung der vielgestaltigen fachpolitischen Anforderungen in das Zielsystem der Raumordnung und Landesplanung geht, ist das klassische planerische Handwerkszeug unverzichtbar.

4. Landesplanung und Fachplanungen

4.1 Grundsätzliches zum Zusammenwirken

Das Verhältnis zwischen Landesplanung und Fachplanungen wird vor allem durch ihren unterschiedlichen Planungsauftrag bestimmt.

4.1.1 Bindungswirkungen

Nach dem Raumordnungsrecht haben Fachplanungen die Ziele der Raumordnung und Landesplanung, wie sie sich in Programmen und Plänen dokumentieren, zu beachten; diese sind verbindliche Vorgaben. Zudem haben die Fachplanungsträger die Raumordnungsgrundsätze bei raumbedeutsamen Entscheidungen gegeneinander und untereinander abzuwägen.

4.1.2 Wechselwirkungen

Doch sollte man die Einflußnahme zwischen Landesplanung und Fachplanungen wechselseitig verstehen: Verbindliche Fachplanungen, z.B. die planfestgestellte Straße oder das ausgewiesene Landschaftsschutzgebiet, sind zunächst auch für die Landesplanung eine Vorgabe; die Abwägung bei der Aufstellung eines Raumordnungsplans kann allerdings zu einer Korrektur dieser verbindlichen Fachplanungen führen.

Um diesen Wechselwirkungen zu entsprechen, ist es notwendig, die Planungsprozesse der Landesplanung und der Fachplanungen zusammenzuführen. Dazu ist vor allem die eindeutige Regelung der gegenseitigen Beteiligungen eine wichtige Voraussetzung:

- Bei der Aufstellung der Raumordnungspläne sind die Fachplanungsträger in einem so frühen Planungsstadium zu beteiligen, daß sie schon auf das Planungskonzept Einfluß nehmen können. In der Regel sind sie vor der Erstellung eines ersten Planentwurfs einzuschalten.
- Ebenso sind auch die Stellen der Landesplanung frühzeitig bei Fachplanungen zu beteiligen. Der Zeitpunkt der Beteiligung muß so gewählt sein, daß eine raumordnerische Abstimmung, z.B. in einem Raumordnungsverfahren, möglich ist.
- Besonders wichtig für die Entwicklungspolitik nicht nur strukturschwacher Räume ist die ständige und frühzeitige Zusammenarbeit von Landesplanung und regionaler Wirtschaftsförderung.

4.1.3 Raumordnungsklauseln

Als nützlich hat sich erwiesen, die Beteiligung in einer sog. formellen Raumordnungsklausel im jeweiligen Fachgesetz zu regeln. Dies kann dadurch geschehen, daß der Fachplanungsträger im einschlägigen Fachgesetz verpflichtet wird, Stellen der Landesplanung bei seiner Fachplanung zu beteiligen und evtl. mit ihnen das Benehmen herzustellen (so beispielsweise im Bundesfernstraßengesetz).

Zudem hilft es, das Verhältnis zwischen Landesplanung und Fachplanungen zu klären, wenn mit materiellen Raumordnungsklauseln in den Fachgesetzen auf bestehende Bindungswirkungen hingewiesen wird. So kann ein Fachgesetz den Hinweis enthalten, daß Ziele und Erfordernisse der Raumordnung und Landesplanung zu beachten sind (so beispielsweise das Abfallgesetz). Damit wird verdeutlicht, daß Raumordnungspläne und diejenigen Erfordernisse, die sich insbesondere aus der Abwägung der Raumordnungsgrundsätze ergeben, der Fachplanung zugrunde zu legen sind.

4.2 Landesplanung und Landschaftsplanung

4.2.1 Integration der Landschaftsplanung

Die Landschaftsplanung ist der wichtigste ökologische Beitrag zur Landes- und Regionalplanung, weil sie zur Sicherung der natürlichen Lebensgrundlagen mehrere Fachaspekte zusammenführt.

Die Ministerkonferenz für Raumordnung (MKRO) hat schon in ihrer Entschließung vom 15.6.72 festgestellt, daß

"für jeden Planungsraum sinnvollerweise nur eine übergeordnete und zusammenfassende verbindliche Planung möglich ist. Deshalb müssen .... die raumbedeutsamen Aspekte der Umweltfachplanungen in das Planungssystem der Raumordnung einbezogen werden, wo alle Ansprüche an den Raum gegeneinander abzuwägen sind."

Die Ministerpräsidentenkonferenz hat mit Beschluß vom 19.10.72 die MKRO beauftragt,

"sicherzustellen ..., daß die raumbedeutsamen Aspekte des Umweltschutzes in das Planungssystem der Raumordnung einbezogen werden."

Das Bundesnaturschutzgesetz sieht deshalb vor, daß die Zielsetzungen des Landschaftsprogramms erst durch die Aufnahme in den Landesentwicklungsplan, die Zielsetzungen des Landschaftsrahmenplans erst durch die Aufnahme in den Regionalplan verbindlich werden.

4.2.2 Zusammenwirken

Dieser gesetzliche Auftrag kann nur erfüllt werden, wenn Landes- und Regionalplanung sowie Landschaftsplanung aufs engste zusammenwirken, vor allem

- auf Landesebene durch gegenseitige frühzeitige Beteiligung bei der Aufstellung des Landesentwicklungsplans einerseits und des Landschaftsprogramms andererseits und
- auf regionaler Ebene dadurch, daß dem Träger der Regionalplanung auch die Landschaftsrahmenplanung als Pflichtaufgabe übertragen wird.

Ein Arbeitskreis der Akademie hat hinsichtlich der Notwendigkeit einer Integration der Landschaftsplanung in die Regionalplanung folgende Ergänzungen und Präzisierungen des Bundesnaturschutzgesetzes vorgeschlagen:

- Für die Flächenstaaten soll die verbindliche Umsetzung der Ziele und Grundsätze des Naturschutzes und der Landschaftspflege durch deren Einbeziehung in die nach jeweiligem Landesrecht aufzustellenden und verbindlich zu machenden Regionalpläne erfolgen. Der § 5 Abs. 2 BNatSchG gibt dafür bereits den rechtlichen Rahmen ab; bei einer Novellierung muß diese Regelung unbedingt beibehalten werden.

Dessenungeachtet ist sicherzustellen, daß die Fachbehörden für Naturschutz und Landschaftspflege verstärkt und in die Lage gesetzt werden, ihr notwendiges umfassendes landschaftsplanerisches Fachkonzept einzubringen.

- Das Instrument der Landschaftsrahmenplanung soll im Bundesrecht so präzisiert werden, daß jene Mindestinhalte normativ genannt werden, die in allen Landschaftsrahmenplänen zu bestimmen und in die Regionalpläne zu übernehmen sind.

- Im Landschaftsrahmenplan sind regionalisierte Umweltqualitätsziele mit Hilfe ökologischer

Eckwerte zu bestimmen. Diese Notwendigkeit sollte verbal in § 5 BNatSchG formuliert werden, ohne solche Qualitätsziele zu benennen. Darüber hinaus sollte der Bundesgesetzgeber für bundesweit bedeutsame Belange des Naturschutzes und der Landschaftspflege Grenzwerte und Standards festlegen, bei deren Unterschreitung eine Abwägung gemäß § 2 Abs. 2 ROG und § 2 Abs. 1 BNatSchG (und den einschlägigen landesrechtlichen Regelungen) nicht mehr erfolgt.

- In das BNatSchG soll eine Begründungspflicht für den Fall aufgenommen werden, daß bei der Abwägung durch den Träger der Regionalplanung von den Zielvorstellungen der Landschaftsrahmenplanung abgewichen wird (in Anlehnung an die Regelungen des § 16, Abs. 4 des Landespflegegesetzes Rheinland-Pfalz vom 1.5.1987).

Die Notwendigkeit sollte nicht übersehen werden, entsprechende Konkretisierungen auch für die Landschaftsplanung der untersten und obersten Ebene (Landschaftsprogramme) anzustellen.

5. Europäische und grenzübergreifende Zusammenarbeit

5.1 Rechtliche Grundlagen

Die grenzübergreifende Zusammenarbeit in Europa hat durch die deutsche Einheit, die Entwicklung des Europäischen Binnenmarktes und durch die Demokratisierung in Osteuropa einen neuen Stellenwert erhalten. Das Zusammenwachsen Europas ermöglicht und erfordert die Intensivierung der grenzübergreifenden Raumordnung, um die historisch bedingten Nachteile der Grenzgebiete abzubauen. Dies gilt sowohl für die Landes- und Bundesgrenzen (Staatsgrenzen) als auch für die grenzübergreifende Zusammenarbeit zwischen Teilräumen Europas und die raumordnerische Zusammenarbeit im größeren Europa. Wichtige Grundlagen für diese europäische Zusammenarbeit sind die Ergebnisse der KSZE-Konferenzen, die "Europäische Raumordnungscharta" und die "Rahmenkonvention zur Verbesserung der grenzübergreifenden Zusammenarbeit der Gebietskörperschaften" des Europarates.

Die Bundesrepublik Deutschland hat bereits 1964 im § 1 ROG als Aufgabe und seit der Novellierung 1989 als Aufgabe und Leitbild der Raumordnung festgelegt, daß sie "die räumlichen Voraussetzungen für die Zusammenarbeit im europäischen Raum zu schaffen und zu fördern" hat. Diese zurückhaltende Formulierung des § 1 Abs. 3 ROG wurde bei der Novellierung unverändert übernommen, allerdings durch eine Verfahrensvorschrift zur Verwirklichung der Grundsätze der Raumordnung (§ 2 ROG) in § 4 Abs. 6 ergänzt, wonach bei "Planungen und Maßnahmen, die Auswirkungen auf Nachbarstaaten haben, für eine gegenseitige Unterrichtung und Abstimmung der geplanten Maßnahmen Sorge getragen werden" soll. Bei einer erneuten Novellierung des ROG sollte geprüft werden, ob der § 1 Abs. 3 ROG noch seiner Aufgabe im Hinblick auf die Verwirklichung einer "Europäischen Raumordnung" gerecht wird.

5.2 Europäische grenzübergreifende Raumordnung

Der Bund und die Länder arbeiten auf der Grundlage des ROG in der "Europäischen Ministerkonferenz für Raumordnung" des Europarates mit. Seit 1970 hat sich diese Konferenz mit großräumigen Fragen der Europäischen Raumordnung befaßt, die Europäische Raumordnungscharta als Selbstverpflichtung der Mitgliedstaaten verabschiedet und an einem "Europäischen Raumordnungsschema" gearbeitet. Sie hat sich dabei auch intensiv mit Fragen der grenzübergreifenden Raumordnung befaßt. In den letzten Jahren beschäftigte sie sich überwiegend mit Fragen der Raumnutzung. Auf dem Hintergrund der neuen Entwicklungen in Europa wäre es deshalb wünschenswert, wenn die "Europäische Raumordnungsministerkonferenz" ihre Arbeiten intensivieren und zur konzeptionellen Behandlung großräumiger Raumordnungsfragen in Gesamteuropa zurückfinden würde.

Die seit 1989 tagende Konferenz der für Raumordnungs- und für die Regionalpolitik verantwortlichen Minister der EG-Mitgliedstaaten behandelt zusammen mit der EG-Generaldirektion XVI wichtige Raumordnungsgrundsätze für die Ausformung der EG-Regionalpolitik und entwirft in diesem Zusammenhang eine sogenannte "Strategie 2000". Für die grenzübergreifende Zusammenarbeit auf dem Gebiet der Raumordnung in Europa wäre es bedeutsam, wenn die Leitbilder und Grundsätze des ROG in die EG-Strategie 2000 einfließen könnten.

Fragen der konkreten grenzübergreifenden Zusammenarbeit in europäischen Teilräumen (z.B. in Nordwesteuropa, im Nordseeraum, ARGE-ALP) werden bisher weitgehend allein von den Bundesländern behandelt und gefördert. Wegen der großen Bedeutung dieser Aufgaben für die künftige europäische Integration und für die grenzübergreifende Zusammenarbeit, zum Beispiel im Donau- und im Ostseeraum, wäre es wünschenswert, wenn der Bund diese grenzübergreifende raumordnerische Zusammenarbeit in angrenzenden europäischen Teilräumen künftig stärker unterstützen würde. Derartige raumordnerische Anliegen sollten auch auf der Grundlage des § 1 Abs. 3 ROG in einem eventuell aufzustellenden Raumordnungskonzept für die Bundesrepublik Deutschland berücksichtigt werden.

5.3 Bundesgrenzen übergreifende Raumordnung

Zur Förderung der räumlichen Voraussetzungen für die Zusammenarbeit im europäischen Raum (§ 1 Abs. 3 ROG) wäre es wünschenswert - soweit noch nicht geschehen -, wenn Bund und Länder kurzfristig Regierungsabkommen zum Zwecke der raumordnungspolitischen Zusammenarbeit mit den Nachbarstaaten, insbesondere mit Polen und mit der CSFR, abschließen würden, die dann mittel- oder langfristig zu völkerrechtlichen Übereinkommen ausgebaut werden könnten. Auf der Grundlage der Regierungsabkommen sollten bilaterale oder trilaterale Raumordnungskommissionen gebildet werden, die, falls erforderlich, Subkommissionen zum Beispiel auf Länderebene bilden. Wichtigste Aufgabe dieser Raumordnungskommissionen ist längerfristig die Festlegung festgefügter Formen der behördlichen grenzübergreifenden Zusammenarbeit (§ 4 Abs. 6 ROG) auf den jeweiligen Ebenen der Landes- und Regionalplanung, die darüber hinaus auch die Bauleitplanung der Grenzgemeinden mit umfaßt.

Die Verfahrensvorschrift des § 4 Abs. 6 ROG erfordert bei Planungen und Maßnahmen, die Auswirkungen auf die Nachbarstaaten haben, eine frühzeitige gegenseitige Unterrichtung und Abstimmung der geplanten Maßnahmen. Hierfür würden bei der neu zu schaffenden grenzübergreifenden Zusammenarbeit - z.B. mit Polen und mit der CSFR - zunächst einfache Verfahren des gegenseitigen Kennenlernens, der Information und planerischer Abstimmung ausreichen. Mittel- und längerfristig wäre es allerdings wünschenswert, wenn die Regierungskommissionen für ihren Grenzraum einschlägige Verfahrensvorschriften vorlegen würden, die sowohl die Information und Abstimmung für die Raumordnung und Landesplanung als auch für die Bauleitplanung für die Gemeinden festlegen.

Auf Bundes- und Landesebene gilt es vor allem zu vermeiden, daß staatliche Fachplanungen grenzüberschreitend ausschließlich unter sektoralen Aspekten abgestimmt werden. Auch die Fachplanungen auf der Grundlage der Maßnahmengesetze müssen sich nach den Grundsätzen und Leitbildern der Raumordnung (§ 1 und § 2 ROG) ausrichten Für die raumordnerische Koordination über die Grenze hinweg genügen oft die frühzeitige Information und Beteiligung des Nachbarn sowie die Abstimmung von Raumordnungsplänen, deren Verbindlichkeit an der Staatsgrenze endet. Wo allerdings die Selbstbindung der Raumordnungsbehörden an Beschlüsse einer grenzübergreifenden Raumordnungskommission nicht ausreicht, weil elementare Interessengegensätze die Entwicklung des Grenzraumes bedrohen, müssen die beteiligten Staaten bereit sein, eine grenzübergreifende Planung durch Staatsvertrag verbindlich zu machen.

Unterstützt werden sollte die staatliche grenzübergreifende Raumordnung und Landesplanung auf regionaler Ebene durch eine Regionalplanung in der Organisationsform der o.a. Verbandsmodelle, weil dadurch den Kommunen die größte Mitwirkungsmöglichkeit bei der grenzübergreifenden Zusammenarbeit gegeben ist. Auf regionaler Ebene geht es vor allem darum, in eng verflochtenen Grenzräumen die Raumnutzung auf ein grenzübergreifendes Nutzungskonzept auszurichten.

Je nach der Intensität der grenzübergreifenden Verflechtungen bieten sich drei Modelle der regionalen Zusammenarbeit an:

- der ständige Informationsaustausch und die frühzeitige Abstimmung der Regionalpläne beiderseits der Grenze,
- ein Dachverband, der einen grenzübergreifenden, für die Träger der Regionalplanung verbindlichen Rahmenplan aufstellt, oder sogar
- ein einstufiger grenzübergreifender Verband für die Regionalplanung.

Der Landesgesetzgeber wird zu entscheiden haben, welchen institutionellen Aufwand die grenzübergreifenden Probleme jeweils rechtfertigen.

Eine besondere Intensivierung erfordert die Staatsgrenzen übergreifende Zusammenarbeit künftig durch:

- Aufstellung grenzübergreifender Programme und Leitbilder für die räumliche Gesamtentwicklung von Grenzregionen und an Nachbarstaaten angrenzende Regionen im europäischen Maßstab;
- Ausweisung grenzübergreifender Naturparks und grenzübergreifende Abstimmung der Landschaftsplanung;
- Aufstellung gemeinsamer grenzübergreifender Planungen für Grenzgebiete, die von den großen auszubauenden europäischen Verkehrstrassen besonders betroffen sind.

Diese grenzübergreifende Zusammenarbeit kann insbesondere dann erfolgreich durchgeführt werden, wenn auf der Grundlage der "Europäischen Rahmenkonvention zur Verbesserung der grenzübergreifenden Zusammenarbeit der Gebietskörperschaften" im Rahmen besonderer zwischenstaatlicher Abkommen die Möglichkeit geschaffen wird, auf öffentlich-rechtlicher Grundlage direkt grenzüberschreitend zusammenzuarbeiten. So sieht der Vertrag zwischen dem Königreich der Niederlande, der Bundesrepublik Deutschland, dem Land Niedersachsen und dem Land Nordrhein-Westfalen, der im Mai 1991 unterzeichnet wurde, zum Beispiel vor, daß die im Abkommen benannten öffentlichen Stellen im Rahmen der ihnen nach innerstaatlichem Recht zustehenden Befugnisse auf der Grundlage dieses Abkommens zusammenarbeiten können, um eine wirtschaftliche und zweckmäßige Erfüllung ihrer Aufgaben im Wege der grenzübergreifenden Zusammenarbeit zu fördern. Die Zusammenarbeit kann unbeschadet der zivilrechtlich gegebenen Möglichkeiten erfolgen durch:

- Bildung von Zweckverbänden,
- Abschluß öffentlich-rechtlicher Vereinbarungen,
- Bildung kommunaler Arbeitsgemeinschaften.

Der Vertrag legt im einzelnen fest, wie in diesen Rechtsformen grenzübergreifend zusammengearbeitet werden kann. Darüber hinaus bestimmt er:

- die Wirksamkeitsvoraussetzungen für Maßnahmen der grenzübergreifenden Zusammenarbeit,
- die Aufsicht,
- den Rechtsweg und Ansprüche Dritter sowie den
- Rechtsweg bei Streitigkeiten zwischen öffentlichen Stellen.

Es wäre wünschenswert, wenn alle Bundesländer derartige Anwendungsverträge zur "Europäischen Rahmenkonvention zur Verbesserung der grenzübergreifenden Zusammenarbeit der Gebietskörperschaften" mit den benachbarten Staaten bzw. Ländern abschließen würden, um den Gemeinden und Kreisen eine direkte grenzübergreifende Zusammenarbeit im Rahmen ihrer Kompetenzen zu ermöglichen.

5.4 Landesgrenzen übergreifende Planung

Grenzübergreifende Landesplanung umfaßt auch die Zusammenarbeit der Raumordnung und Landesplanung zwischen benachbarten Bundesländern. Wichtige Rechtsgrundlagen für die Landesplanung sind die §§ 1 Abs. 4 und 4 Abs. 4 ROG; für die Regionalplanung die §§ 1 Abs. 4 und 5 Abs. 3 ROG. Darüber hinaus gilt auch hier die Abstimmungspflicht für landesplanerische Planungen und Maßnahmen nach § 4 Abs. 5 ROG, der aber grenzübergreifend (z.B. Deutschland-Niederlande) nicht überall und in ausreichendem Maße nachgekommen wird. In einigen Ländern ist die grenzübergreifende Landesplanung in den Landesplanungsgesetzen festgelegt, in anderen Ländern in Landesraumordnungsprogrammen konkretisiert. Einheitliche Regelungen bestehen nicht.

Landesgrenzen übergreifende Landes- und Regionalplanung sollte adressatenbezogen von den vorhandenen und potentiellen Problemen ausgehen und auf vorhandenen rechtlichen Grundlagen pragmatische Lösungen anstreben.

Die einfachste Form der Zusammenarbeit, wie sie vor allem im norddeutschen Raum gepflegt wird, beruht überwiegend auf Schriftwechseln zwischen den Obersten Landesplanungsbehörden, zum Teil durch parallele Kabinettsbeschlüsse verstärkt, aber auch auf Regierungsabkommen. Sie ermöglichen alle Formen der grenzübergreifenden Information, Abstimmung und Aufstellung von grenzübergreifenden raumordnerischen Rahmenkonzeptionen. In süddeutschen Ländern bilden in der Regel Staatsverträge die Rechtsgrundlage für grenzübergreifende regionale Zusammenarbeit.

Unterstützt werden sollte die staatliche grenzübergreifende Raumordnung und Landesplanung auf regionaler Ebene durch eine Regionalplanung in der Organisationsform der unter Ziffer 1 angeführten Verbandsmodelle, weil dadurch den Kommunen die größte Mitwirkungsmöglichkeit bei der grenzübergreifenden Zusammenarbeit gegeben ist.

Auf regionaler Ebene geht es vor allem darum, in eng verflochtenen Grenzräumen die Raumnutzung auf ein grenzübergreifendes Nutzungskonzept auszurichten. Je nach Intensität der grenzübergreifenden funktionalen Verflechtungen und der vorhandenen Probleme und Entwicklungschancen, wie etwa auch bei grenzübergreifenden Braunkohlegebieten, ergeben sich auch im Bereich der Landesgrenzen übergreifenden regionalen Zusammenarbeit drei Modelle:

- der ständige Informationsaustausch und die frühzeitige Abstimmung der Regionalpläne beiderseits der Grenze,
- ein Dachverband, der einen grenzübergreifenden, für die Träger der Regionalplanung verbindlichen Rahmenplan aufstellt oder sogar
- ein einstufiger grenzübergreifender Verband für die Regionalplanung.

Ein Beispiel für Rechtsgrundlagen grenzübergreifender Landes- und Regionalplanung bieten die zwischen den süddeutschen Ländern abgeschlossenen Staatsverträge zur grenzübergreifenden Raumplanung. Sie ermöglichen die Bildung von ein- oder zweistufigen Raumordnungsverbänden mit Hoheitsrechten zur Aufstellung von verbindlichen Raumordnungsplänen. Derartige Raumordnungsverbände (spezifische Planungsverbände) sollten überall dort geschaffen werden, wo die funktionalen räumlichen Verflechtungen eine gemeinsame, landesgrenzenübergreifende Planung erfordern, wie etwa für das Umland der Stadtstaaten, im Rhein-Main-Raum oder im Raum Halle-Leipzig. Die Landesplanungsgesetze sollten die dafür erforderlichen Rechtsgrundlagen schaffen.

Die Landesgrenzen übergreifende Planung im Raum Berlin ist durch die Besonderheiten einer großstädtischen Stadt-Umland-Region geprägt. Hier sollte einer gemeinsam koordinierten Planung auf allen Planungsebenen sowie durch vertragliche Regelungen zwischen den beiden Ländern Berlin und Brandenburg Rechnung getragen werden. Wichtige erforderliche Schritte für eine einheitliche Planung der Region Berlin wären die Entscheidungen zur Abgrenzung dieser Planungsregion, die Abstimmung der gemeinsamen Entwicklungsziele und der Rahmenbedingungen durch Staatsvertrag der beiden Länder sowie die Schaffung einer Planungsorganisation für die Region. Eine solche Planungsorganisation sollte ein im wesentlichen kommunal getragener Verband sein, der unter Beachtung der Erfordernisse regionaler Entwicklung kommunale Interessen wahrnimmt und den Interessenausgleich herstellt. Die verbindliche Zusammenarbeit aller kommunalen und regionalen Gebietskörperschaften einerseits und mit den beiden Ländern Berlin und Brandenburg andererseits würde entsprechende Vereinbarungen im Staatsvertrag zwischen dem Land Brandenburg und dem Land Berlin voraussetzen.

III. Strukturpolitik

1. Einführung

Nach § 1, Abs. 1 ROG soll die Raumordnung u.a. darauf hinwirken, daß "gleichwertige Lebensbedingungen in allen Teilräumen" geschaffen werden. Dieser Auftrag bezieht sich auf die wichtigsten Grundfunktionen des Daseins, wie Wohnen, Arbeiten, Versorgen, Erholen, Bilden/Erziehen, Verkehr und Kommunikation. Entscheidende Schritte vollziehen sich dabei im Bereich der Wirtschaft. Der Raumbezug zeigt sich am deutlichsten in den Bestrebungen der Strukturpolitik.

"Strukturpolitik dient dazu, im Rahmen der marktwirtschaftlichen Ordnung ein stetiges und angemessenes wirtschaftliches Wachstum zu sichern, für ein stabiles Preisniveau zu sorgen und somit dazu beizutragen, den allgemeinen Lebensstandard zu steigern und die sozialen Aufgaben besser zu erfüllen." (Strukturbericht 1969 der Bundesregierung). Anders formuliert: Strukturpolitik ist die Summe der staatlichen Maßnahmen, die darauf gerichtet sind, wesentliche Teile (menschliches Fähigkeitskapital [human capital], Branchen oder Regionen) der Volkswirtschaft im Hinblick auf bestimmte Qualitäts-, Wachstums- und/oder Ausgleichsziele zu beeinflussen.

Das human capital ist ein klassischer Ansatzpunkt der Strukturpolitik, dessen Bedeutung bereits im Merkantilismus erkannt wurde. Die im Produktionsfaktor "Arbeit" enthaltenen Fähigkeiten wie organisatorisches und technisches Wissen, unternehmerische Initiative, Forschungsaktivität, Leistungswille und Arbeitsdisziplin sind schwer zu isolieren, weil alle Komponenten mehr oder minder intensiv zusammenwirken. Das struktur- bzw. bildungspolitische Ziel ist generell mit weitergehender Qualifizierung zu umschreiben, wofür ein ausgefeiltes bildungs- und arbeitsmarktpolitisches Instrumentarium auf der Grundlage des Arbeitsförderungsgesetzes zur Verfügung steht. Ansprechpartner ist hierfür die Arbeitsverwaltung.

Die sektorale Strukturpolitik sucht ihre Ziele vor allem im Bereich der einzelnen Branchen zu verwirklichen, während die regionale Strukturpolitik die Förderung der Wirtschaftskraft einzelner Regionen - z.B. durch Sonderprogramme o.ä. - im Auge hat.

Es sollte deutlich sein, daß eine Branchenpolitik, die sich auf Branchen konzentriert, die in einzelnen (beschäftigungs- bzw.wirtschaftsschwachen) Regionen dominieren, zugleich auch eine wachstumsorientierte Regionalpolitik bzw. regionale Strukturpolitik ist. Insofern sind die Grenzen zwischen den einzelnen Bereichen der Wirtschaftspolitik fließend.

2. Sektorale Strukturpolitik

2.1 Wirtschaftswettbewerb und struktureller Wandel

Bei den Zielen der sektoralen Strukturpolitik können Anpassung an veränderte Bedingungen, Gestaltung und Erhaltung unterschieden werden. Im Vordergrund der sektoralen Strukturpolitik sollte in der Regel die Anpassung an sich vollziehenden Strukturwandel, d.h. eine Erhöhung der Strukturflexibilität stehen.

Wirtschaftlicher Wettbewerb und struktureller Wandel in Branchen und Regionen bedingen sich gegenseitig. Der Wirtschaftsprozeß befindet sich mithin in der Regel nie längerfristig im Optimum, das von den Wirtschaftswissenschaftlern optimale Faktorallokation genannt wird.

Die Wirtschaftsstruktur zu optimieren ist auch nicht Aufgabe staatlicher Strukturpolitik, denn die optimale Faktorallokation stellt sich allenfalls über die Unternehmerentscheidungen ein; staatliche Instanzen haben dazu keine ausreichenden Informationen. Sektorale Strukturpolitik sollte deshalb wünschenswerte Entwicklungen nur da anregen und fördern, wo der Markt als Schubkraft nicht ausreicht (Gestaltung, z.B. im technisch-wirtschaftlichen Bereich, im Energie- und Transportbereich).

Produktnachfrage, Produktgestaltung sowie Kapital- und Arbeitsproduktivität der einzelnen Betriebe und Branchen ändern sich im Zuge des technischen Fortschrittes und der veränderten Marktbedingungen ständig und veranlassen einen fortwährenden Strukturwandel in allen Branchen und in allen Regionen.

Der einzelne muß sich diesen neuen Wettbewerbsbedingungen, sei es in Form von Investitionen, sei es in Form von Betriebsaufgabe oder Arbeitsplatzwechsel bzw. -verlust oder durch die Gründung neuer Betriebe, immer wieder anpassen. Nur so ist in der Wirtschaft eine Verwendung der Produktionsfaktoren zu erreichen, die auf das Optimum zielt und letztlich im Interesse aller liegt. Dieser ständige Strukturwandel ist ein charakteristisches Kennzeichen der Marktwirtschaft; er bringt für den einzelnen Unternehmer und Arbeitnehmer große Chancen mit sich, aber auch bedeutende Risiken und für den Arbeitnehmer Härten, die allerdings in der Regel "sozial abgefedert" werden durch Umschulungsmaßnahmen, Arbeitslosengeld und Arbeitslosenhilfe.

Bei der Transformation des Systems der zentralen Planwirtschaft in eine markt- und eigentumsorientierte Wirtschaftsform muß es zwangsläufig anstelle des stetigen und kontinuierlichen marktwirtschaftlichen Wandels zu erheblichen Brüchen und Störungen kommen, die ganze Branchen und Regionen in große wirtschaftliche Schwierigkeiten bringen. Dennoch sollte der Staat nicht aus sogenannten sozialen Gründen seine Aufgabe darin sehen, nicht lebensfähige Betriebe mit Mitteln, die von der Allgemeinheit aufgebracht werden, auf die Dauer zu erhalten, weil die dazu erforderlichen Gelder zwangsläufig anderen, produktiveren Investitionen entzogen werden. Nicht wettbewerbsfähige Unternehmen am Leben zu erhalten bedeutet - so der Sachverständigenrat zur Begutachtung der gesamtwirtschaftlichen Entwicklung in seinem jüngsten Sondergutachten -, aus der Anpassungskrise eine dauerhafte Strukturkrise zu machen.

Das gilt ganz besonders für die "Protheseindustrien", die der ehemaligen DDR als Krücken dienten, um ihre Autarkie aufrechtzuerhalten. Auch die für die DDR-Wirtschaft typischen Verwaltungen zur Planung und Kontrolle von Produktion, Verteilung und Verbrauch haben keine Existenzberechtigung mehr. Die Erhaltung nicht wettbewerbsfähiger Arbeitsplätze ist eine unproduktive, d.h. schädliche Fehlleitung wirtschaftlicher Kräfte.

Bundesregierung und Sachverständigenrat treten zu Recht dafür ein, daß es in einer sozialen Marktwirtschaft nicht den Arbeitsplatz oder die Unternehmen zu schützen gilt, sondern die vom Strukturwandel betroffenen Menschen.

Wirtschaftliches Wachstum verläuft in einzelnen Branchen und Regionen unterschiedlich.

Kennzeichnend für den Strukturwandel ist deshalb eine differenzierte Entwicklung in den Regionen und Branchen, unter anderem auch als Folge früherer und künftiger politischer Entscheidungen in den einzelnen Bundesländern.

Deutlich sollte allerdings sein, daß nach (einem vorläufigen) Abschluß des sich gegenwärtig vollziehenden Strukturwandels die Kapitalausstattung (Fabriken und Infrastruktur) in Ostdeutschland im Hinblick auf Leistungsfähigkeit, Energieverbrauch und Umweltbelastung auf absehbare Zeit im europäischen Durchschnitt das Beste und Modernste sein werden.

Die Tabelle 3 zeigt die sektorale Verteilung der beschäftigten Arbeitnehmer im zweiten Halbjahr 1990 aufgeteilt nach West und Ost. Damit ist gewissermaßen die Ausgangsbasis des vor uns liegenden Strukturwandels dokumentiert, der neben dem aktuellen Interesse auch in einigen Jahren noch historisches Interesse verdient.

Tab. 3: Beschäftigte Arbeitnehmer in West- und Ostdeutschland im zweiten Halbjahr 1990

Wirtschaftsbereiche	Beschäftigte Arbeitnehmer in Tausend Personen	
	West	Ost
Land- und Forstwirtschaft	241	740
Bergbau, Energiewirtschaft u. Verarbeitendes Gewerbe	8 903	3 109
Baugewerbe	1 726	440
Handel	3 665	605
Verkehr	1 480	580
Öffentlicher Dienst	4 197	1 640
Private Dienstleistungen[1]	5 514	970
insgesamt	25 726	8 084

[1] Einschließlich private Organisationen ohne Erwerbszweck

Quelle: Berechnungen des DIW unter Verwendung amtlicher Statistiken, DIW- Wochenbericht 14/91 vom 4. April 1991,S.189

In Westdeutschland leben rd. 61.7 Mio., in Ostdeutschland ca. 16.4 Mio. Einwohner; auf vier Einwohner in Westdeutschland kommt somit ca. ein Einwohner in Ostdeutschland.[8]

Geht man von einem produktivitätsorientierten Arbeitseinsatz in den einzelnen Wirtschaftsbereichen in den alten Bundesländern aus, der in der Lage ist, eine "durchschnittliche Nachfrage" zu befriedigen, und legt man diese einfache Meßlatte an, wird offenbar:

- der hohe Arbeitskräftebesatz in der Landwirtschaft
- der niedrige Arbeitskräftebesatz im Handel
- der hohe Arbeitskräftebesatz im Verkehr
- der hohe Arbeitskräftebesatz im Öffentlichen Dienst
- der niedrige Arbeitskräftebesatz bei den privaten Dienstleistungen.

Der niedrige Arbeitskräftebesatz im Handel und bei den privaten Dienstleistungen wird sich mit zunehmender Nachfrage nach den entsprechenden Gütern bzw. Diensten von selbst einpendeln. Nach einigen Fehleinschätzungen geht man jetzt davon aus, daß der konjunkturelle

Aufschwung in den neuen Bundesländern vor allem über die private und öffentliche Nachfrage nach Leistungen der Bauwirtschaft beginnen wird, da die investierenden Unternehmer Baumaßnahmen vornehmen lassen müssen, um moderne Technologie installieren zu können, und da im öffentlichen Bereich Finanzzuweisungen des Bundes an die Gebietskörperschaften bzw. die Gemeinden zur Nachfrage nach Bauleistungen führen werden.

Angesichts des offensichtlichen Bedarfs in diesem Bereich ist anzunehmen, daß sich hier auch die ersten marktbedingten sektoralen Strukturverschiebungen ergeben werden, wenn die Baufirmen der früheren DDR nicht mehr in den alten Bundesländern arbeiten werden und zusätzliche Arbeitskräfte aus der Arbeitslosenreserve bzw. aus Industriebranchen anziehen werden, deren Lohnniveau unter dem der Bauwirtschaft liegt.

Wegen dieser absehbaren Entwicklung kommt den komplementär dazu notwendigen Baugenehmigungen besondere Bedeutung zu, so daß besonders in den Planungs- und Genehmigungsbehörden schnelle Entscheidungen und höchste Arbeitsproduktivität gefragt sind. Das in den alten Bundesländern entstandene System einer Vielzahl von Einzel- und Spezialgenehmigungen und -erlaubnissen scheint sich als eines der stärksten Hemmnisse für schnellen Vollzug zu erweisen, auf den aber alle so lebensnotwendig angewiesen sind. Es ist dringend, schnelle Lösungen zu finden. Über die bisher unzureichende Arbeitsproduktivität wegen zu hohen Arbeitskräftebesatzes im Verkehr und im Öffentlichen Dienst wurde zwischenzeitlich schon so intensiv diskutiert, daß hier darauf nicht ein weiteres Mal eingegangen zu werden braucht.

Ähnliches gilt für die Produktion international nicht wettbewerbsfähiger Industrieprodukte. Langfristig wird sich vermutlich zeigen, daß die bisherigen Industriereviere in Zukunft das höchste Beschäftigungs- und auch das höchste regionale Einkommensniveau haben werden.

Besondere Probleme, die aus den Absatzproblemen der Landwirtschaft resultieren, werden dagegen in den Ländlichen Zonen entstehen. Die notwendige Freisetzung von Arbeitskräften aus der Landwirtschaft hat unmittelbare raumordnerische Konsequenzen. Deshalb wird darauf im Abschnitt VI.4 ''Ländliche Räume'' besonders eingegangen.

3. Regionale Strukturpolitik

Als Zielsetzung der regionalen Strukturpolitik (regionale Wirtschaftspolitik) wird in der Regel die Verringerung des regionalen Wohlstandsgefälles angesehen, wie es sich aus dem Zusammenwirken einer Reihe natürlicher, sozialer, wirtschaftlicher und politischer Ursachen im Lauf der Zeit herausgebildet hat. In Art. 72 Abs.2 GG findet sich die Zielformel von der Wahrung der Einheitlichkeit der Lebensverhältnisse, die in diesem Zusammenhang zu sehen ist.(Vergl. hierzu auch § 1 ROG, in dem die Leitvorstellung von den gleichwertigen Lebensbedingungen in allen Teilräumen (der Bundesrepublik) formuliert ist.)

Regionale Strukturpolitik bzw. regionale Wirtschaftsförderung setzt in der Regel zunächst bei der regionalen Infrastrukturausstattung an.

Im Rahmen seiner Mitverantwortung für die regionale Wirtschaftspolitik hat der Bund darauf zu achten, daß in den einzelnen Regionen ausreichende Infrastruktureinrichtungen als Komplementärfunktion zur privaten wirtschaftlichen Tätigkeit bereitgestellt werden (Fehlende Infrastrukturinvestitionen sollen nicht als "Wachstumsschranke" (Tuchtfeldt) wirken). Das Augenmerk der staatlichen Stellen hat der Frage zu gelten, ob die Entwicklung des regionalen Einkommensniveaus bzw. der regionalen Wirtschaftskraft durch eine unzureichende Infrastrukturausstattung beeinträchtigt wird.

Das ist z.B. dann der Fall, wenn ansässige Unternehmen durch eine unzureichende Verkehrsanbindung unverhältnismäßig mehr Kosten für den Transport ihrer Produkte aufzuwenden haben oder Familien abwandern, weil die wohnungsnahe Infrastruktur dem landesüblichen Standard nicht entspricht, also die Gleichwertigkeit der Lebensverhältnisse nicht gewahrt ist.

In diesem Zusammenhang sollten Politiker und Planer immer bedenken, daß Wirtschaftspolitik - auch regionale Wirtschaftspolitik - zu 50% aus Psychologie besteht und es ein unverzeihlicher Fehler wäre, den betroffenen Menschen nicht klare Informationen darüber zu geben, was sich in absehbarer Zukunft zum Besseren wendet.

Zusätzliche Kindergärten, Schulen und ein öffentliches Schwimmbad haben schon oft - wenn die Arbeitsmöglichkeiten zufriedenstellend waren - Abwanderungsbewegungen gestoppt und geholfen, einen Standort attraktiver zu gestalten. Für 1991 stehen den neuen Ländern und ihren Gemeinden 50 Milliarden DM für Infrastrukturinvestitionen zur Verfügung.

4. Staatliche Möglichkeiten und Grenzen

Unverzichtbar für eine schnelle und nachhaltige Wirtschaftsbelebung aus eigener Kraft ist in den neuen Bundesländern

- die Überwindung der Unsicherheit bei den Eigentumsverhältnissen,
- eine sachkundige und engagierte Verwaltung, die Vorschriften nicht als bürokratische Hemmnisse handhabt, sondern sich als leistungsorientierter Partner versteht und damit zu einem positiven Standortimage beiträgt,
- die Behebung der Mängel im Bereich der Infrastruktur (Wachstumsschranke !) und
- ein ausreichendes Angebot an Industrie- und Gewerbeflächen.

Das marktwirtschaftliche System braucht und lebt von der Eigeninitiative der Unternehmenden. Sichere Arbeitsplätze, an denen in modernen Fabriken wettbewerbsfähige Produkte hergestellt werden, die sich verkaufen lassen, vermag kein Demonstrant, kein Funktionär und keine entscheidungsunfähige Bürokratie zu schaffen.

Doch eine leistungsorientierte Verwaltung kann die Tätigkeit des Unternehmers vor Ort mit ihrem Verwaltungswissen erleichtern, wenn sie über die finanziellen Fördermöglichkeiten in der Region genau informiert.[9] Raumplaner können hier zusammen mit der Arbeitsverwaltung viel Positives bewegen, wie Beispiele aus den sog. strukturschwachen Gebieten in den alten Bundesländern belegen.

Die Subventions-Beispiele im Abschnitt über soziale Abfederung zeigen, daß Subventionen für bestimmte Branchen kein Tabu sind. Man kann nicht die Werften im Westen subventionieren und die in Ostdeutschland nicht (Ähnliches gilt für Vegleichbares wie Bergbau, Landwirtschaft). Hier ist der Raumplaner gefragt, der auf die wirtschaftlichen Zusammenhänge in seiner Region aufmerksam macht. Ähnliches gilt für die Landwirtschaft, die noch auf der Suche nach der richtigen Organisationsform ist, da die meisten der in den landwirtschaftlichen Produktionsgenossenschaften Tätigen keine selbständigen Landwirte werden wollen (bzw. können).

Die Raumplanung sollte auch die Möglichkeit in die Diskussion bringen, bestimmte gewerbliche Aufgaben befristet öffentlichen Unternehmen zu übertragen. Öffentliche Unternehmen, die aufgrund spezifischer Ziele auf Märkten im Wettbewerb mit anderen privaten Unternehmen stehen, fördern u.U. den Wettbewerb. Auch kann es zweckmäßig sein, in einer Region dominierende Unternehmen befristet als öffentliche Unternehmen zu führen, wenn die Chance zur Sanierung besteht und die Arbeitskräfte anderweitig nicht beschäftigt werden können. Auf diese Weise wäre es möglich, den Zwang zur regionalen Mobilität aus Gründen unzureichenden regionalen Einkommens zu reduzieren.

Öffentliche Unternehmen unterscheiden sich von privaten dadurch, daß sie nicht oder zumindest nicht primär in ihren Aktivitäten und ihrem Leistungsprogramm durch das Streben nach Gewinn geprägt werden. ''Von öffentlichen Verwaltungen unterscheiden sie sich durch marktorientierte Umsatzprozesse, eine eigene Finanzwirtschaft, ein eigenständiges Rechnungswesen sowie durch eine wesentlich stärkere Autonomie bei der Wahrnehmung der ihnen übertragenen öffentlichen Aufgaben.''[10]

Im Zusammenhang mit dem in den neuen Bundesländern anstehenden Umstrukturierungsprozeß wird die öffentliche Trägerschaft von Unternehmen dann sinnvoll sein, wenn es gilt, die Entwicklung effizienter Marktstrukturen in einzelnen Branchen oder Regionen zu ermöglichen. Verständlicherweise kann die Treuhand nicht für jeden ostdeutschen Betrieb in kurzer Frist den geeigneten neuen Eigentümer finden. Die Treuhand sollte deshalb diese (letztlich öffentlichen) Betriebe weiter begleiten und ihnen Liquiditätshilfen gewähren, wenn sie Eigeninitiative zeigen, ein Sanierungskonzept und eine testierte Bilanz vorlegen können.

Auch in den alten Bundesländern hat man sich des Instrumentes der Öffentlichen Unternehmen bedient, bis Sanierungsprozesse abgeschlossen und einer Privatisierung branchen- oder regionalpolitische Gründe nicht mehr im Wege standen.[11]

Für den wirtschaftlichen Aufschwung in den neuen Bundesländern ist es nicht nur entscheidend, die bestehenden Unternehmen zu privatisieren, vielmehr müssen gleichzeitig auch Neuinvestitionen vorgenommen werden. Für derartige Investitionen ist der größte Engpaß die Verfügbarkeit von Grundstücken. Zwar kann auch der Stadt- und Regionalplaner keine Grundstücke herbeizaubern, aber er kann mit helfen, daß ansiedlungswillige Unternehmer nicht an der nicht selten äußerst bürokratischen Verhaltensweise der zuständigen Liegenschaftsämter verzweifeln (was in den alten Bundesländern sehr oft der Fall ist), und u.U. Wege auftun, wie ansiedlungswillige Unternehmer und private Grundstückseigentümer zusammenfinden (z.B. Schaffung nur einer Anlaufstelle, die intern zwischen den unterschiedlichen Abteilungen und Ämtern koordiniert.).

Für die in der Region ansässigen Unternehmen ist es vielfach überlebenswichtig, auch einen Teil der öffentlichen Aufträge zu erhalten. Die Bundesregierung hat die Verfahren zur Vergabe öffentlicher Aufträge in den neuen Bundesländern wesentlich erleichtert. Mit der Präferenzrichtlinie für kleine und mittlere Unternehmen und dem Erlaß, der die freihändige Vergabe erleichtert, werden die Chancen ostdeutscher Unternehmen, öffentliche Aufträge zu erhalten, kurzfristig erhöht.[12]

Die Leistungsverwaltung geht auf ihre Partner in der Wirtschaft zu und informiert sie über diese Möglichkeiten.

Etwas vereinfacht kann man sagen, "der Staat" sind alle, die im "öffentlichen Sold" stehen und ihre Ziele am Allgemeinwohl zu orientieren haben. Die Diskussion der staatlichen Möglichkeiten hat gezeigt, daß dem Stadt-, Regional- und Landesplaner dabei eine wichtige Aufgabe zukommt. Bei allem dringend notwendigen Engagement sollten aber auch die Grenzen beachtet werden: sie liegen dort, wo planwirtschaftliches Denken und eine Strukturpolitik Platz greifen, die glauben, das Optimum durchsetzen zu müssen. Das Optimum ergibt sich aus den selbständigen Entscheidungen der Unternehmer; der Planer hat diese Entscheidungen zu unterstützen, aber er hat nicht die Kompetenz, sie zu bestimmen.

Die marktwirtschaftlich unverzichtbare unternehmerische Verantwortung für Kosten und Ertrag ist unbedingt zu respektieren.[13]

5. Förderung des Strukturwandels

Auch in der sozialen Marktwirtschaft muß der Staat zeitweilig eingreifen, sei es zur Milderung besonderer sozialer Härten, sei es zur Förderung bestimmter Industrien und Regionen, deren Entwicklung im wohlverstandenen, langfristigen Interesse des Gemeinwohls liegt, weil sie eine besonders effiziente Verwendung volkswirtschaftlicher Ressourcen versprechen.

In diesem Sinne werden in der EG und in der Bundesrepublik Klein- und Mittelbetriebe gefördert, weil sie absolut und auf die Fördermittel bezogen mehr Arbeitsplätze schaffen als die Großindustrie. Für eine ausgewogene Wirtschafts- und Sozialstruktur und damit für die Aufrechterhaltung eines fairen und vielgestaltigen Wettbewerbs sind sie unabdingbar. Ebenso wird Betrieben aller Art und Größe Hilfe unterschiedlicher Art durch die EG zuteil, wenn sie sich in Gebieten mit schwacher Wirtschaftsstruktur (Gemeinschaftsaufgabe "Verbesserung der regionalen Wirtschaftsstruktur") niederlassen oder Hochtechnologie produzieren bzw. anwenden.

Jedoch bleibt es dem einzelnen Unternehmer überlassen, ob er vom Angebot der Investitionshilfe Gebrauch machen will oder nicht. Insofern kann nicht von Wirtschaftsplanung, sondern nur von Wirtschaftsförderung die Rede sein[13a].

In einem Positionspapier vom 1. August 1991 hat das Bundesministerium für Raumordnung, Bauwesen und Städtebau (BMBau) im Hinblick auf den Aufbau in den neuen Bundesländern postuliert:

Ausgangspunkt für eine Raumordnungspolitik der Verringerung des West-Ost-Gefälles in den Lebensbedingungen der Bevölkerung ist es, das Entwicklungspotential der neuen Länder optimal zu nutzen. Dies erfordert kurz- und mittelfristig die konzentrierte Förderung von bestimmten Entwicklungsregionen.

Nach dem zitierten Papier des BMBau soll von den folgenden 12 Entwicklungsregionen der infrastrukturelle Aufbau und wirtschaftliche Strukturwandel in den neuen Ländern ausgehen:

Berlin/Potsdam, Magdeburg, Leipzig/Halle, Rostock, Erfurt/Jena, Schwerin, Dresden, Cottbus, Chemnitz, Neubrandenburg, Greifswald/Stralsund, Frankfurt/Oder. Das Ministerium hält es für erforderlich, auf eine räumlich ausgewogene Verteilung von Fördermaßnahmen auf die 12 Entwicklungsregionen zu achten.

Der Strukturwandel wird aber in der EG und der Bundesrepublik nicht nur auf der Unternehmerseite gefördert, sondern auch für die Arbeitnehmer erleichtert. Mittel und Einrichtungen zu ihrer Umschulung und Höherqualifizierung stehen zur Verfügung. Wie die Erfahrung vor Ort zeigt, müssen sie allerdings teilweise noch unerfahrenen Mitarbeitern der Arbeitsverwaltung abgefordert werden. Die nachhaltige und intensive Förderung der Umschulung ist vor allem in solchen Regionen von besonderer Bedeutung, wo Landwirtschaft sowie Industrie und Gewerbe Arbeitskräfte freisetzen und die wegfallenden Arbeitsplätze durch neue ersetzt werden müssen. Hier gilt es, besonders schnell und besonders intensiv in das Fähigkeitspotential der Arbeitskräfte zu investieren, weil dadurch ein wichtiger regionaler Standortfaktor für betriebliche Neugründungen geschaffen wird.

Dabei ist zu beachten, daß sich die Wirtschaftsförderung in regionaler Hinsicht in den neuen Bundesländern wohl nicht allein auf das Konzept der Wachstumspole bzw. der skizzierten Entwicklungsregionen (BMBau) stützen kann, das mit Erfolg in die regionale Wirtschaftsförderung der alten Bundesländer eingeführt wurde.

Die erheblichen Unterschiede zwischen den neuen Bundesländern als insgesamt "hinter der Entwicklung zurückgebliebener Gebiete" sind so gravierend, daß andere Wege gesucht werden müssen. So sehr für die Regionalpolitik gilt: "Klotzen statt kleckern", so sehr muß man darauf achten, wachstumsfördernde Maßnahmen so zu gestalten, daß sie auch dem Kriterium der Gerechtigkeit genügen. Als geeigneter Maßstab für die Verteilung der Fördermittel auf Bundes- bzw. Landesebene bietet sich unter diesem Gesichtspunkt die Bevölkerungszahl an, die auch von der Gemeinschaftsaufgabe zur Verbesserung der regionalen Wirtschaftsstruktur zugrunde gelegt wird. Es ist anzunehmen, daß, unter räumlichen Aspekten betrachtet, der absolute Mittelaufwand in den mittleren und südlichen Regionen der neuen Bundesländer höher ist als in den nördlichen, dünner besiedelten Räumen. Vermutlich lassen sich aber trotzdem gute Effekte erzielen, weil auch die Zahl der potentiellen Zentren wesentlich geringer ist als im Süden.

Wegen ihrer weiträumigen Verteilung (Schwerin, Rostock, Greifswald, Frankfurt/Oder) kommt der Stärkung der Ausstrahlungskraft Berlins auch aus regionalpolitischer Sicht für diese Landesteile und ihre Entwicklung eine herausragende Bedeutung zu. Nimmt man diese Möglichkeiten der regionalen Wirtschaftsförderung nicht wahr, müßte man von einem großen Versäumnis sprechen. Neben den Ober- und Mittelzentren könnten hier auch die Grundzentren durch Ausnutzung dieser Fördermöglichkeiten einen sehr wesentlichen Standortnachteil beseitigen und gewerbliche Kleinbetriebe bzw. Kleinindustrie anziehen.

Im übrigen sollten die Mittel des Arbeitsförderungsgesetzes auch zur Ausbildung von Arbeitskräften für die verschiedenen Dienstleistungsbetriebe dienen, ohne die eine moderne Wirtschaft nicht auskommt.

Alle Betriebe sind fortlaufend gezwungen zu rationalisieren, um einerseits höhere Löhne zahlen zu können und andererseits Rohstoffe und Energie besser auszunutzen. Das liegt sowohl in ihrem eigenen Interesse als auch in dem der Arbeitnehmer und der Volkswirtschaft. Das gilt ganz besonders für die Betriebe der ehemaligen DDR, die einen vergleichsweise hohen Personalbestand, also eine niedrige Arbeitsproduktivität haben, in denen das Einkommensniveau so schnell, wie es die Produktivitätsfortschritte erlauben, an das der vergleichbaren Betriebe in den alten Bundesländern angeglichen werden soll.

Eine durchgreifende Modernisierung der Betriebe muß und wird gleichzeitig der Verbesserung des Umweltschutzes dienen. Die Umweltgesetze und die untergesetzlichen Regelungen der Bundesrepublik sind deshalb ohne Verzögerung anzuwenden, um so eine Koppelung von Wirtschaftswachstum und Verbesserung der nicht in Kaufkraft ausdrückbaren Lebensqualität zu erreichen.

Jeder Wirtschaftsraum ist um so anpassungsfähiger, je vielgestaltiger er ist. Dagegen haben Regionen, die von einem einzigen Wirtschaftssektor abhängen, große Schwierigkeiten, sich auf neue Situationen am Markt oder in der Rohstoffversorgung einzustellen. Stahl- und Werftindustrie an der deutschen Küste bzw. Steinkohlenbergbau und Stahlindustrie im Ruhrgebiet haben das mit aller Deutlichkeit gezeigt. Auch reagieren vielseitig strukturierte Gebiete schneller und besser auf jegliche Industrieförderung. Fördermittel würden hier also wirksamer eingesetzt werden als in monostrukturierten Industriestandorten.

Im Rahmen der Gemeinschaftsaufgabe "Verbesserung der regionalen Wirtschaftsstruktur" werden vorzugsweise solche Betriebe gefördert, die für den Fernbedarf und nicht nur für den örtlichen Bedarf produzieren und deren Produkte sich auf den überregionalen Märkten behaupten können. Dieses (fernbedarfsorientierte) "Export-Basiskonzept", bezogen auf die Regionen in den neuen Bundesländern, hilft die im Augenblick zu einseitig von West nach Ost orientierten Warenströme besser auszugleichen, die wirtschaftliche Tragfähigkeit der einzelnen Regionen zu erhöhen und Ostdeutschland in die internationale Arbeitsteilung zu integrieren.

Eine ähnliche Rolle, wie sie Industriebetriebe oder der Fremdenverkehr für die wirtschaftliche Lage der benachteiligten ländlichen Räume spielen, haben die Standorte der Streitkräfte. Auch sie sind ein "fernbedarfsorientiertes Dienstleistungsgewerbe", das erlaubt, in anderen Regionen erwirtschaftetes Einkommen in den ländlichen Räumen auszugeben. Von zehn Angehörigen der Bundeswehr, einschließlich der von ihr angestellten Zivilisten, hängen etwa fünf bis acht Arbeitsplätze in davon betroffenen Gebieten ab.

Deswegen sollte die Raumplanung darauf hinwirken, daß bei einem Abbau der Streitkräfte die Standorte in den wirtschaftlich benachteiligten ländlichen Räumen möglichst nicht aufgegeben werden. Garnisonen sollten vor allem in den Verdichtungsgebieten geschlossen werden, wo sich eher neue Arbeitsplätze finden oder schaffen lassen.

Für die wirtschaftliche Förderung der hinter der allgemeinen Entwicklung zurückgebliebenen Gebiete kommen auch nachgeordnete Einrichtungen des Bundes und der Länder in Betracht. Bei der im Zuge der Vereinigung angestrebten Berücksichtigung der neuen Bundesländer sollten bei der Festlegung neuer Standorte nicht nur die bereits überlasteten Verdichtungsgebiete, sondern Entwicklungsschwerpunkte der weniger dicht besiedelten Räume, die zusätzliche fernbedarfsorientierte Aufgaben brauchen, bevorzugt werden.

Durch die intensive Zusammenarbeit der Planer (auf allen Ebenen) mit den zuständigen Behörden des Bundes und der Länder könnte die Verlegung von Behörden und das Beibehalten von Standorten von Bundeseinrichtungen als Mittel einer aktiven regionalen Wirtschaftsförderung eingesetzt werden.

Es gibt aber auch noch einen weiteren wichtigen Ansatzpunkt der Wirtschaftsförderung: es gilt, landschaftlich attraktive Gebiete als Standorte für "Denkfabriken" zu nutzen.

Die neuen Bundesländer sind reich an naturnahen Großlandschaften und Landschaftsteilen. Sie bilden, wenn die umfassend wirkenden Maßnahmen zur Gewässer- und Luftreinhaltung Erfolg zeigen, ein in Deutschland weitgehend konkurrenzloses Potential an Natur- und Kulturlandschaften, in den nördlichen Ländergebieten besonders geprägt von beeindruckender landschaftlicher Weiträumigkeit. Dieses Potential zu erhalten und zu pflegen ist eine der primären und unerläßlichen Aufgaben aller Beteiligten, nachdem in den alten Bundesländern im Zuge jahrzehntelang unbedachter Entwicklung viele Landschaften und Lebensgrundlagen dezimiert, an Artenvielfalt verarmt oder verlorengegangen sind.

Es mag zunächst für die heimische Bevölkerung wie eine Zumutung erscheinen, in den neuen Ländern diesen Schutz als vordringliche Aufgabe anzusehen, scheinbar zu Lasten des erwünschten Aus- und Neubaus von Verkehrswegen und -einrichtungen, von Industrie- und Gewerbegebieten in noch "frei verfügbarer Landschaft", denn die Schaffung neuer Arbeitsplätze tut unumstritten not.

Abgesehen davon, daß - besonders in den dünnbesiedelten Gebieten - das Flächenangebot so groß ist, daß nicht unbedingt wertvolle Großlandschaften für infrastrukturelle Zwecke verbraucht oder zerstört werden müssen, bieten diese Landschaften nicht nur einen hohen Wert für den Erholungs- und Fremdenverkehr und damit die Grundlage für einen wirtschaftlichen Aufschwung im sogenannten naturverträglichen (sanften) Tourismus; vielmehr ist hervorzuheben, daß die reichhaltige, gesunde und reizvolle Landschaft in ihrem Erlebniswert ein besonderer Standortfaktor für hochqualifizierte Unternehmenszweige (Wissenschaft und Forschung, Konstruktion und Entwicklung, Dienstleistungen hochwertiger Technologien, also "Denkfabriken") ist, die ihren Arbeitskräften die von ihnen "bevorzugte Lebensqualität" bieten wollen. Beispiele bilden kleine Gemeinden in Oberbayern, Kalifornien und anderwärts, die verkehrsmäßig günstig an Oberzentren angebunden sind.

Soweit heute erkennbar, werden selbsttragende Wachstumsprozesse mit der Bauwirtschaft, den bauabhängigen Bereichen sowie aus dem Dienstleistungsgewerbe kommen.

Im Verlauf dieser sich regional unterschiedlich gestaltenden Prozesse wird es vor allem darauf ankommen, Produkt- bzw. Leistungskompetenz und die örtliche bzw. regionale Standortqualität zu verbessern. Das bedeutet Regeneration des Kapitalstocks und Verbesserung des Umweltstandards.

Dem Stadt- und Regionalplaner bieten sich hier zahlreiche Ansatzpunkte, die schwierigen Aufgaben der Unternehmenden zu erleichtern. Gleichzeitig sollte deutlich sein, daß die umfangreichen Transfers (1991 insgesamt mehr als 100 Mrd. DM) durch die außergewöhnlichen Umstände bedingt sind und trotzdem nur Anstöße zur Eigeninitiative geben können und sollen. Ohne Gefährdung des Wachstumspotentials der Bundesrepublik insgesamt können derartige Transfers nicht lange aufgebracht werden.

IV. Umweltpolitik

1. Umweltschutz als Staatsaufgabe

Die Bundesrepublik Deutschland ist infolge ihrer hohen Bevölkerungsdichte und der intensiven industriellen Tätigkeit einer sehr intensiven Umwelt- und Ressourcenbeanspruchung ausgesetzt. Die aus dieser Beanspruchung der natürlichen Ressourcen resultierenden Gefahren sind inzwischen jedermann deutlich geworden. Es wird deshalb zurecht als Aufgabe des Staates angesehen, der gegenwärtigen und den folgenden Generationen eine lebenswerte Umwelt zu erhalten und zu sichern. Die Bewahrung der natürlichen Lebensgrundlagen wird als Staatsaufgabe von höchster Priorität betrachtet.

Ziele der staatlichen Umweltpolitik sind deshalb Schutz und Erhaltung:

- von Leben und Gesundheit des Menschen als oberste Verpflichtung jeden staatlichen Handelns,
- von Tieren, Pflanzen, Ökosystemen als natürliche Existenzgrundlagen des Menschen wie auch um ihrer selbst willen, von Luft, Wasser, Boden, Klima als den natürlichen Ressourcen für vielfältige Nutzungsansprüche des Menschen,
- von Sachgütern als kulturellen und wirtschaftlichen Werten für den einzelnen und die Gemeinschaft.

Zusätzlich gilt es, Schäden oder Nachteile aus menschlichen Eingriffen zu beseitigen.

Die Wirtschafts- und Sozialordnung der Bundesrepublik Deutschland wird durch die Erarbeitung entsprechender Schutz-Gesetze im Sinne der skizzierten Ziele kontinuierlich durch eine Umweltordnung ergänzt, die sich an folgenden Prinzipien orientiert:

- Vorsorgeprinzip.
  (Nach dem Vorsorgeprinzip werden Umweltbelastungen durch den Einsatz vorbeugender Maßnahmen möglichst an ihrem Ursprung am Entstehen gehindert.)

- Verursacherprinzip
  (Das Verursacherprinzip will demjenigen die Kosten zur Vermeidung, zur Beseitigung oder zum Ausgleich von Umweltbelastungen zurechnen, der sie verursacht ("wer verschmutzt, zahlt"))

- Kooperationsprinzip
  (Das Kooperationsprinzip verbessert durch Mitwirkung der Betroffenen umweltbedeutsame Entscheidungen).[14/15]

Dort, wo die drei Prinzipien nicht greifen, z.B. bei der Sanierung der Altlasten, kommt das Gemeinlastprinzip zum Tragen:

- Gemeinlastprinzip
  (Das Gemeinlastprinzip bedeutet in besonderen Situationen die Übernahme von Revitalisierungs- oder Sanierungskosten durch die Allgemeinheit, d.h. die öffentliche Hand).

Der Vertrag zwischen der Bundesrepublik Deutschland und der Deutschen Demokratischen Republik über die Herstellung der Einheit Deutschlands (Einigungsvertrag) bestimmt in Art. 34:

"Ausgehend von der in ... begründeten deutschen Umweltunion ist es Aufgabe der Gesetzgeber, die natürlichen Lebensgrundlagen des Menschen unter Beachtung des Vorsorge-, Verursacher- und Kooperationsprinzips zu schützen und die Einheitlichkeit der ökologischen Lebensverhältnisse auf hohem, mindestens jedoch dem in der Bundesrepublik Deutschland erreichten Niveau zu fördern."[16]

Bei der Umsetzung dieser Prinzipien wird man stets darauf achten müssen, daß in einem hochindustrialisierten Land wie der Bundesrepublik, das im wirtschaftlichen Wettbewerb mit anderen Ländern steht, die häufig weniger strenge Umweltschutzanforderungen stellen, ohne ökologische Zieleinbußen die gesamtwirtschaftlich (kosten-) günstigsten Instrumente zum Einsatz kommen.[17]

2. Umweltschutz und Wirtschaftswachstum

Die natürlichen Ressourcen Boden, Wasser, Luft stehen unter dem harten Gesetz der Knappheit und sind durch anthropogene Einwirkungen in ihrer Qualität gemindert. Ihre Nutzung kann daher nicht beliebig und kostenlos sein, sondern muß von den dafür verantwortlichen Behörden so geregelt werden, daß der langfristige Gesamtnutzen ihrer Inanspruchnahme für die Allgemeinheit unbestritten größer ist als die entsprechenden volkswirtschaftlichen Kosten.

Das Dilemma der ökologiefeindlichen und umweltzerstörerischen Fehlentwicklungen liegt in dem lange Zeit und auch heute noch in West und Ost vielfach anzutreffenden mißachteten Wert von Luft, Wasser und Boden, die als anscheinend unerschöpliche Ressourcen angesehen wurden.

Der Boden wurde zwar nach klassischer Definition der Produktionsfaktoren - im Gegensatz zu Kapital und Arbeit - als nicht vermehrbares Gut erkannt. Doch die Einschätzung als unzerstörbarer Produktionsfaktor ließ schon unberücksichtigt, daß er durch zerstörerische Bewirtschaftung oder Raubbau - statt nachhaltiger Ertragssicherung - dezimiert wird und in erschreckendem Maße als Basis der Vielfalt des Lebens verlorengehen kann.

Heute weiß man, daß alle natürlichen Ressourcen begrenzt und nicht unerschöpflich sind. Sie sind als kostbares, nicht mehr beliebig nutzbar freies Gut zu werten. Insofern werden die Ansätze zur Einbeziehung des "Produktionsfaktors Natur" in die Volkswirtschaftliche Gesamtrechnung im Sinne einer Berechnung des "Ökosozial-Produkts", an der das Statistische Bundesamt arbeitet, mit zu einer anderen Wertung beitragen. Im Sinne der Wirtschaftsordnung der Bundesrepublik wird es naheliegen, den bewährten Preismechanismus der Marktwirtschaft für effiziente Umweltinstrumente zum Schutz der natürlichen Ressourcen einzusetzen.[18]

"Die dramatische Umweltbelastung in der ehemaligen DDR hat ihre Ursache darin, daß Umweltschutzinteressen hinter dem Zwang zu kurzfristiger materieller Planerfüllung zurücktreten mußten.

Notwendige Investitionen in moderne, ressourcenschonende Produktionsanlagen und Infrastrukturen unterblieben deshalb. Hinzu trat das Autarkiestreben in der Rohstoffpolitik. Da die

Betriebe nur für die Erfüllung des Plans in die Verantwortung genommen wurden, hebelten so zentrale Planvorgaben für die Unternehmen auch das Verursacherprinzip aus. Die Einführung des Verursacherprinzips ist daher eine der wichtigsten Weichenstellungen zu einer Gesundung der Umwelt. Der sich jetzt vollziehende Strukturwandel bietet außerdem die Chance zu einer grundlegenden Verbesserung der Umwelt."[19]

Ökologie und Ökonomie sind aus raumordnungspolitischer Sicht zwei gleichberechtigte und gleich wichtige Seiten der allgemeinen gesellschaftspolitischen Aufgabe, die Daseinsvorsorge und den Schutz der natürlichen Lebensgrundlagen langfristig zu sichern. Sie stehen jedoch nicht von vornherein in einem harmonischen Verhältnis zueinander, sondern bedürfen ständiger Koordination und Integration durch die Raumplanung.

Die regionale Strukturpolitik (Ökonomie) will primär wirtschaftliche Disparitäten ausgleichen, indem sie in wachstumsschwachen Räumen Impulse setzt, die die Produktion "exportfähiger" Güter und Dienste begünstigen. Das Ausgleichsziel ist dabei als Oberziel einer regionalpolitischen Zielhierarchie zu sehen, während das Wachstumsanliegen die Rolle eines Zwischenziels übernimmt und damit instrumentellen Charakter annimmt.

Das Oberziel der Umweltpolitik (Ökologie) zielt auf Schutz und Erhaltung der menschlichen Gesundheit und auf den Schutz der natürlichen Lebensgrundlagen sowie - verkürzt formuliert - des Ökosystems um seiner selbst willen. Das Oberziel der Umweltpolitik soll über eine Konservierung der Ressourcenqualität und ihre effiziente Nutzung erreicht werden. Das Effizienzanliegen zielt hierbei darauf ab, das Nutzungspotential der Ressourcen in jene Richtung zu lenken, die den höchsten Nutzen stiftet. "Das Konservierungsanliegen möchte hingegen eine Mindestqualität ubiquitärer Ressourcen und Umweltgüter, die lediglich an bestimmten Standorten vorkommen, sichern. Es berücksichtigt außerdem intertemporale Gerechtigkeitsvorstellungen.

Effizienz- und Konservierungsziele besitzen somit in der Umweltpolitik instrumentellen Charakter. Andererseits ist das Effizienzziel aber auch ein Zwischenziel des Wunsches nach wirtschaftlichem Wachstum, denn effizienter Ressourceneinsatz erweitert die Produktionsmöglichkeiten einer Volkswirtschaft."[20]

Damit wird deutlich, daß die Oberziele von Ökologie und Ökonomie nicht zusammenfallen: Regionale Strukturpolitik (regionale Wirtschaftspolitik) konzentriert sich auf den Abbau regionaler Disparitäten durch Förderung regionaler Wachstumsprozesse. Umweltpolitik will dagegen Umweltqualität zugunsten der menschlichen Gesundheit bzw. der Erhaltung der Ökosysteme schützen."Positive Überschneidungen liegen auf der Ebene der Zwischenziele vor, wenn sparsamer und effizienter Ressourceneinsatz nicht nur die Entwicklungschancen erhöht, sondern auch dem Konservierungsanliegen dient, da Ressourcenvergeudung verhindert wird."[21]

Dennoch bestehen Konflikte bei der Nutzung der Ressourcen, die grundsätzlich der Koordination und Integration durch die Raumplanung als Ressourcensicherungsplanung bedürfen. Sie muß immer wieder einen "mittleren Weg" im Sinne des Ausgleichs unterschiedlicher Ansprüche gesellschaftlicher Gruppen, Unternehmen oder Individuen an die Fläche (Wachstumsziel) und des unabdingbaren Schutzes der natürlichen Ressourcen im jeweils relevanten Teilraum (Konservierungsziel) suchen.[22]

Die Ansprüche an Fläche und natürliche Ressourcen sind häufig nicht nur gegeneinander gerichtet, sondern auch auf sehr einseitige Betrachtungsweisen gegründet. Raumplanung und Umweltschutz sind daher in der Praxis sehr häufig Konfliktmanagement, d.h. Abgleich der privatwirtschaftlichen, oft auch staatlichen oder kommunalen, und der ökologischen Interessen und Gegensätze zum langfristigen Nutzen der Allgemeinheit. Dabei ist zu beachten, daß bei einer Gefährdung von Leben oder Gesundheit der Bevölkerung oder der dauerhaften Sicherung der natürlichen Lebensgrundlagen bei Nutzungskonflikten den Erfordernissen des Umweltschutzes Vorrang einzuräumen ist.

Die entscheidenden Schlüsselworte im Disput zwischen den Befürwortern eines raschen Wirtschaftswachstums und denen, die natürliche Ressourcen und Ökosysteme schützen und erhalten wollen, sind "langfristig" und "kurzfristig". Mehr und mehr setzt sich die Erkenntnis durch, daß es ohne ein funktionierendes Ökosystem, ohne eine quantitativ und qualitativ ausreichende Versorgung mit Wasser und mit Luft, die Menschen, Tieren und Pflanzen ein produktives Leben gestatten, auf die Dauer weder Wirtschaft noch Wirtschaftswachstum geben kann. Insofern ist ein effizienter Umweltschutz die unabdingbare Grundlage allen zukünftigen menschlichen Handelns. Nur kurzsichtiger Eigennutz kann diesen offensichtlichen Zusammenhang nicht beachten und meinen, daß man sich "im Augenblick" Umweltschutz nicht leisten könne. Wir können es uns im Gegenteil nicht leisten, unsere natürlichen Ressourcen zu zerstören.

Die ehemalige DDR ist ein sehr eindrucksvolles Beispiel dafür, daß geringe Leistungsfähigkeit der Volkswirtschaft und die absolute Vorherrschaft einer nicht durch Wahlen legitimierten Partei zur Vernachlässigung des Schutzes der Umwelt und zu sehr großen und nur äußerst schwer zu behebenden Schäden und Verlusten sowohl für die Volkswirtschaft als Ganzes als auch für die einzelnen Menschen führen. Die ständige Luft- und Wasserverschmutzung sind dafür deutliche Beispiele. Etwa 42 % der Böden der neuen Bundesländer sind durch die bisherige Bewirtschaftungsweise und die Immissionen aus Industrie und Landwirtschaft schwer geschädigt. Ähnliches gilt für die gesamte Bausubstanz einschließlich von Baudenkmälern und anderen wichtigen Teilen unseres kulturellen Erbes.

In der Landwirtschaft hat die Bewirtschaftung durch übergroße Betriebe mit riesigen Maschinen zu einer völligen Ausräumung der Landschaft und zur Vernichtung vieler wertvoller Biotope und seltener Tier- und Pflanzenarten, zu einer starken Bodenverdichtung und zu ertragsmindernder Wind- und Wassererosion geführt. Die Waldschäden durch sauren Regen sind erheblich.

Erfahrungen moderner westeuropäischer und amerikanischer Industrie- und Landwirtschaftsbetriebe machen deutlich, daß in vielen Fällen Investitionen zum Schutz der Umwelt nicht nur für die gesamte Volkswirtschaft, sondern auch privatwirtschaftlich durchaus rentabel sein können. Die Einsparung von Rohstoffen, von Wasser und Energie sowie die systematische Wiedergewinnung und Wiederverwertung von Wertstoffen aus Produktionsabfall und Emissionen machen sich oft positiv in der Gewinn- und Verlustrechnung der Unternehmen bemerkbar.

Wo allerdings die Marktpreise nicht genügend Anreiz zur sparsamen Verwendung natürlicher Ressourcen und zur drastischen Verminderung der Emissionen geben (Marktversagen), sollte der Staat zur vorsorglichen Vermeidung von Umweltschäden neben der gesetzlichen Verordnung von Emissionsstandards durch Abgaben auf Schadstoffe, wie etwa Kohlendioxyd, Schwefeldioxyd, Abwasser etc., die notwendigen privatwirtschaftlichen Anreize zur Verminderung der

Umweltbelastung und ihrer Kosten schaffen, die sonst andere als die Verursacher und die Allgemeinheit zu tragen hätten (Internalisierung externer Kosten durch Abwassergesetz, Gesetz über Vermeidung und Entsorgung von Abfällen (Abfallgesetz), CO_2-Abgabe etc.).

Unstrittig sollte sein, daß Umweltschutz und wirtschaftliches Handeln in der Regel in Konflikt zueinander stehen, weil jede wirtschaftliche Produktion stets natürliche Ressourcen verbraucht.

Ebenso deutlich sollte sein, daß Umweltschutz nicht nur Nutzen stiftet, sondern auch etwas "kostet", weil er knappe Produktionsfaktoren bindet. Nur gelegentlich fördern sich Wirtschaftswachstum und Umweltschutz auch gegenseitig. So hat die Umweltindustrie in den alten Ländern viele Arbeitsplätze geschaffen.

Ferner zeigt ein internationaler Vergleich, daß diejenigen Länder, die wohlhabend sind und auf ein langjähriges Wirtschaftswachstum zurückblicken, in der Regel größere Anstrengungen für Umweltnach- und -vorsorge machen können als andere. Schweden, die Schweiz, die Niederlande, Dänemark und die alte Bundesrepublik haben ein weiter entwickeltes Umweltbewußtsein, investieren mehr Kapital für Umweltschutzmaßnahmen und emittieren weniger Schadstoffe je Einwohner und je Produktionseinheit als ärmere Volkswirtschaften. Die wohlhabenden Länder haben infolge ihres hohen Volkseinkommens deshalb auch am ehesten die Möglichkeit, eine ökologisch orientierte soziale Marktwirtschaft zu verwirklichen, sobald das Bewußtsein dafür geschärft ist, und ihre Wirtschafts- und Sozialordnung durch eine Umweltordnung zu ergänzen. Umgekehrt führen Armut und Überbevölkerung zu einer rücksichtslosen Ausbeutung der Natur, um das kümmerliche Überleben der jetzigen Generation zu sichern.

Allerdings darf nicht übersehen werden, daß durch die Vereinigung in den fünf neuen Bundesländern neue "Schadensphänomene" bedeutsam werden, deren Lösung schwierig ist. Durch die schnelle Zunahme des Individualverkehrs, durch die Ausdehnung des Straßengüterverkehrs, durch den Zusammenbruch des SERO-Abfallentsorgungs- und Wiederverwertungssystems und die Übernahme der entsprechenden Lebensgewohnheiten der alten Bundesländer, die zu einer mächtigen Steigerung des Abfallaufkommens führt, werden die Erfolge der positiven umweltpolitischen Ad-hoc-Maßnahmen wieder durch Umweltgefährdungen überlagert, die nur mit großer Mühe gelöst werden können.

Will man die alten Industriestandorte insbesondere in der ehemaligen DDR erhalten, müssen die Umwelt und Menschen schädigenden Emissionen (Staub, Gase, Flüssigkeiten, Lärm) auf ein umweltverträgliches Maß zurückgeführt oder am besten ganz beseitigt werden. Zumindest sind, entsprechend den geltenden Gesetzen, die gültigen Grenzwerte einzuhalten. Werden Reinigungsverfahren, die über das gesetzlich vorgeschriebene Maß hinausgehen, angewandt, so stehen besondere Mittel seitens der Europäischen Investitionsbank zur Verfügung.

Würde man dem Umweltschutz in den alten Industriegebieten der neuen Bundesländer nicht das notwendige Gewicht einräumen, und würde man Umweltschutz zugunsten einer falsch bewerteten kurzfristigen wirtschaftlichen Rentabilität vernachlässigen, wäre bald mit einer aus raumordnerischer Sicht höchst unerwünschten erheblichen Abwanderung von Arbeitskräften zu rechnen. Neue Betriebe werden sich kaum in stark umweltbelasteten Gebieten ansiedeln. Deswegen sind aus raumplanerischer Sicht Beihilfen zur möglichst schnellen Minderung der Emissionen in den alten Industriegebieten der ehemaligen DDR gezielt und unbürokratisch zu gewähren.

Die staub- und gasförmigen Emissionen von Feuerungsanlagen aller Art, wie Schwefeldioxyd und Stickoxyde etc., verursachen große Schäden an Gebäuden und Baudenkmälern, mindern die Ertragskraft von Land- und Forstwirtschaft, zerstören z. T. ganze Waldungen und verursachen sehr hohe Kosten im Gesundheitswesen durch chronische Bronchitis, höhere Krebsanfälligkeit etc. Volkswirtschaftlich gesehen verursacht ihre Reduzierung auf das technisch mögliche Mindestmaß weniger Kosten, als langfristig ohne Investitionen durch Krankheitslasten, Abwanderung u.ä. zu tragen wären. Im allgemeinen ist daher der Emissionsminderung höchste Priorität einzuräumen. Nur dann, wenn ungereinigte Abwässer direkt oder über den Trinkwasserpfad die menschliche Gesundheit beeinträchtigen, ist ihre sachgerechte Klärung ebenso dringend.

Die Nachrüstung von Kraftwerken zur Entschwefelung und Entstickung, soweit sie nicht ohnehin bis 1996 stillgelegt werden müssen, sowie die Reinigung von Abwässern werden aus einer entsprechenden Erhöhung der Tarife und Gebühren langfristig finanziert werden müssen. Kurzfristig ist die Aufnahme von Darlehen für die einschlägigen öffentlichen Unternehmen, aber auch für die Kommunen notwendig und volks- und finanzwirtschaftlich wegen des intergenerativen Lastenausgleichs durchaus vertretbar.

3. Sanierung versus Neuerschließung von Flächen

Überall dort, wo alte Industrieanlagen aufgegeben oder stillgelegt werden müssen, stellt sich für die Raumplanung die Frage, wie dieses Industriegelände künftig am günstigsten zu nutzen ist. Die Kosten der Sanierung können je nach dem Verseuchungsgrad des Bodens sehr hoch sein. Die ehemaligen Betreiber sind nur dann in der Lage, diese Kosten zu übernehmen, wenn sie vom Wiederverwertungspreis aufgewogen werden oder diese Kosten durch Dritte übernommen werden.

Das Verursacherprinzip läßt sich leider nur dann anwenden, wenn die für die Verseuchung des Bodens verantwortlichen Unternehmen solvent sind. Deswegen fällt die Sanierung von Industrieflächen allzuoft auf die öffentliche Hand zurück und obliegt in den neuen Ländern der "Treuhand" (Gemeinlastprinzip). Sie muß dieses Problem sofort anpacken, wenn die menschliche Gesundheit unmittelbar gefährdet ist.

Wo keine Gefahr im Verzuge ist, wird man Sanierung gegen Neuerschließung sorgfältig abwägen müssen. Dabei ist der Sanierung im Prinzip der Vorzug zu geben, weil gerade in den Industriegebieten, die meistens auch Verdichtungsgebiete sind, Boden knapp und kostbar ist. Nur bei oberflächlicher Berechnung scheinen die direkten Kosten der Neuerschließung nennenswert niedriger zu sein als die der Altflächensanierung. Schließt man in die Überlegungen jedoch die indirekten Kosten durch die Belästigung der Menschen durch Industrieemissionen besonders in noch nicht belasteten Zonen, die Vorteile etwa vorhandener Kläranlagen für Industrieabwässer, die Verlagerung von Verkehrsströmen in bisher weniger belastete Gebiete, die evtl. Zerstörung wertvoller Grünflächen, schützenswerter Biotope oder wichtiger Erholungsgebiete mit ein, stellt sich die Sanierung oft als nennenswert günstiger heraus. Ausgenommen von dieser Regel sind nur diejenigen Industrie- und Gewerbegebiete, die noch mitten in Wohnvierteln liegen, wenn wiederum Betriebe errichtet werden sollen, die störende Emissionen verursachen. Das trifft aber für viele Betriebe der Leichtindustrie und Dienstleistungsunternehmen generell nicht zu, so daß sich vielfältige Möglichkeiten zur Nutzung sanierter Flächen ergeben. Allerdings ist der Zeitfaktor zu berücksichtigen; Flächensanierung erfordert meistens sehr viel Zeit, und diese ist bei der Dringlichkeit der Wirtschaftsbelebung nicht gegeben.

In jedem Falle ist den Planungs- und Genehmigungsbehörden anzuraten, ihre Entscheidungen auf eine Umweltverträglichkeitsprüfung und ein Abwägen der volkswirtschaftlichen Kosten und des entsprechenden Nutzens der Industrieansiedlung zu gründen. Dabei ist die gesamte Vorbelastung des betreffenden Gebietes mit in Betracht zu ziehen, um zu vermeiden, daß in an sich schon stark belasteten Regionen noch zusätzlich Betriebe mit hohen Emissionen angesiedelt werden (vgl. auch hierzu die Diskussion der Altlastenproblematik in Kap. V. 3.3, S. 61).

4. Naturschutz (vom Objekt- zum Ökosystemschutz)

Die Landesplanung, insbesondere aber die Regionalplanung werden sich inhaltlich in drei Richtungen weiterentwickeln, um

- räumliche Planung stärker von Freiraum und Ressourcenschutz (als von der Siedlungsentwicklung) anzugehen,
- Regionalplanung aus der Sicht der staatlichen Vollzugsklammer zu lösen und zu einer Beratungsinstitution für die Gemeinden weiterzuentwickeln, die in gewissem Umfang auch Innovationstransfer leistet,
- offensiv auf Fachplanungen zuzugehen und mit diesen gemeinsam neue ökologisch orientierte Lösungen zu suchen. (Dietrich Fürst)

Regionalplanung wird damit zur prozeßorientierten Kommunikation, die den Abstimmungsbedarf befriedigt, der sich aus den demografischen, den wirtschaftlichen und den ökologischen Strukturveränderungen ergibt.

Neue Industrie- und Verkehrsanlagen, wie sie im Rahmen des angestrebten wirtschaftlichen Aufschwungs an vielen Orten gebaut werden sollen, werden sich nur dann ohne größere Schäden für Natur und Landschaft errichten lassen, wenn von vornherein genau, d.h. öffentlich, bekannt ist, wo, was und aus welchen Gründen etwas schützenswert, besonders schützenswert und absolut erhaltenswert ist. Die Funktionen des Naturhaushaltes, seltene Arten von Flora und Fauna und entsprechende Biotope werden nur dann erfolgreich geschützt und erhalten werden können, wenn sie erfaßt, kartiert, beschrieben und schließlich bewertet werden.

Das Bundesministerium für Umwelt, Naturschutz und Reaktorsicherheit hat im November 1990 festgestellt, daß das Niveau des Naturschutzes in den fünf neuen Bundesländern durch folgende Daten gekennzeichnet ist[23]:

- Zum besonderen Schutz kulturell wertvoller Naturräume, Ökosysteme, gefährdeter oder geschützter Pflanzen- sowie Tierarten sind mit Beginn des Jahres 1990 825 Naturschutzgebiete auf 111.800 ha oder 0,98% der Fläche der ehemaligen DDR sowie 3.500 Flächendenkmäler auf 7.500 ha ausgewiesen. Von der UNESCO wurden zwei Biosphärenreservate mit einer Gesamtgröße von 25.000 ha bestätigt.

- Es bestehen 402 Landschaftsschutzgebiete auf 18,5% der Landesfläche (überwiegend Erholungsgebiete im Süden, im Harz und an der Ostseeküste). 1990 wurden darüber hinaus 5 Nationalparks, 6 Biosphärenreservate und 3 Naturparks unter Schutz gestellt. Die Unterschutzstellung weiterer Gebiete ist eine vordringliche Aufgabe.

- Von den insgesamt vorhandenen rd. 40.000 Arten an Fauna sind 15 - 20% (5.000 bis 7.000 Arten) als gefährdet einzustufen.

- Die Flora umfaßt ca. 6.000 Arten. Davon sind 27,5% der Farn- und Blütenpflanzen sowie rd. 25% der Pilze und Flechten als gefährdet einzustufen.

- Besonders gefährdet sind alle nährstoffarmen Standorte, insbesondere verschiedene Moorstandorte und Röhrichtbestände, Feuchtwiesen, Trocken- und Halbtrockenrasen, die Bruch-Moor-, Feucht- und Trockenwälder sowie immissionsbeeinflußte Bergfichtenwälder.

Dort wo entsprechende Kartierungen fehlen, kann das nicht automatisch bedeuten, daß wegen der fehlenden Biotopkartierung o.ä. Investitionsmaßnahmen unterbleiben müssen. Angesichts der besonderen Situation in Ostdeutschland wird man die erforderlichen Bewertungen in einer "Kurzfassung" erarbeiten, zu der Unterstützung von den zuständigen Stellen in den alten Ländern zugesagt ist. Die Raumplanung wird bei den sich regelmäßig einstellenden Nutzungskonflikten nur dann verschiedene Lösungen gegeneinander abwägen können, wenn der Naturschutz ebenso wie die anderen Entscheidungsträger und die Investoren in Kategorien der Schutzwürdigkeit denken, Prioritäten setzen und entsprechende Entscheidungsunterlagen, wenn auch zunächst nur in vereinfachter Form, so schnell wie möglich bereitstellen.

Ein flächendeckendes Biotopkataster wie in den alten Ländern existiert in den neuen Bundesländern nicht, aber es müßte baldmöglichst geschaffen werden. Die westdeutschen Landesanstalten für Ökologie leisten durch Bereitstellung von Kriterien für eine erste Erfassung Hilfe.[24] Ebenso wie in den alten Ländern sollten auch in Ostdeutschland die von Einzelpersonen und Naturschutzverbänden über ökologisch wertvolle Flächen aller Art gesammelten Daten zusammengetragen und zentral erfaßt werden. Intensive Aufklärung und Öffentlichkeitsarbeit wird betrieben werden müssen, um mit Hilfe der Naturschutzverbände ein fachlich hochwertiges Biotopkataster aufzubauen, das allein verhindern kann, daß im Zuge der räumlichen Entwicklung wertvolle Flächen endgültig verloren gehen.

Im September 1990 wurden etwa 10 % der ehemaligen DDR-Fläche in die Schutzkategorie "Biotopreservat" eingestuft, in der allerdings auch Siedlungen und Industriebetriebe mit eingeschlossen sind (In den alten Bundesländern sind z. Zt. nur 1 % geschützt). (Vgl. die folgende Karte 2: Nationalparke, Naturparke und Biosphärenreservate in Deutschland.)

Zusätzlich zu den existierenden Biotopen sind die Naturraumpotentiale in ihrer räumlichen Verteilung durch die entsprechenden Fachleute und Behörden zu erfassen. Sie werden benötigt, um raumplanerische Ziele des Ressourcen- und Artenschutzes zu entwickeln und schließlich die (inselhaften) Schutzgebiete groß- und kleinräumig so miteinander zu vernetzen, daß ein naturschutzrelevantes "Trittstein"Gefüge entstehen kann, um Tiere und Pflanzen in ihrer Genvielfalt zu erhalten.

Die "Leitlinien und Leitbilder für Natur und Landschaft im Jahr 2000" des Ministers für Umwelt, Raumordnung und Landwirtschaft des Landes Nordrhein-Westfalen zeigen beispielhaft, wie die Aufgabe, Naturreservate zu schaffen, Vorranggebiete großflächig auszuweisen, einen Biotopverbund aufzubauen und letztlich vom Objektschutz zum Ökosystemschutz überzugehen, auch in einem stark industrialisierten Bundesland zu lösen ist. Für jede Landschaft wird klar aufgezeigt, was bewahrt werden und was neu entwickelt und rekonstruiert werden soll.[25]

Letztlich müssen vom Naturschutz teilraumspezifische (ökologische) Umweltqualitätsziele konkret in der Fläche definiert werden. Dabei wird es sich um Schutz-, Sanierungs- oder Entwicklungsziele handeln. Nur wenn diese teilraumspezifischen Umweltqualitätsziele vorliegen, können das lokale Klima, die örtlichen Biotope und andere ökologisch schutzwürdige Landschaftselemente gebührend berücksichtigt werden. Dabei wird sowohl die heutige (reale) Fauna und Flora als auch die künftige (potentielle) Fauna und Flora (bei vom Menschen ungestörter Umwelt) in Betracht zu ziehen sein. Die Raumplanung hat dann zu entscheiden, welche Belastungen durch menschliche Aktivitäten in Kauf genommen werden können, wenn gegenüber anderen Flächenansprüchen (z.B. für Arbeitsplätze) abzuwägen ist.

Legende zu Karte 2 "Nationalparke, Naturparke und Biosphärenreservate in Deutschland"

Nationalpark	Naturpark	Biosphärenreservat
bestehend	bestehend	bestehend
einstweilig sichergestellt	einstweilig sichergestellt	in Vorbereitung

Karte 2: Nationalparke, Naturparke und Biosphärenreservate in Deutschland

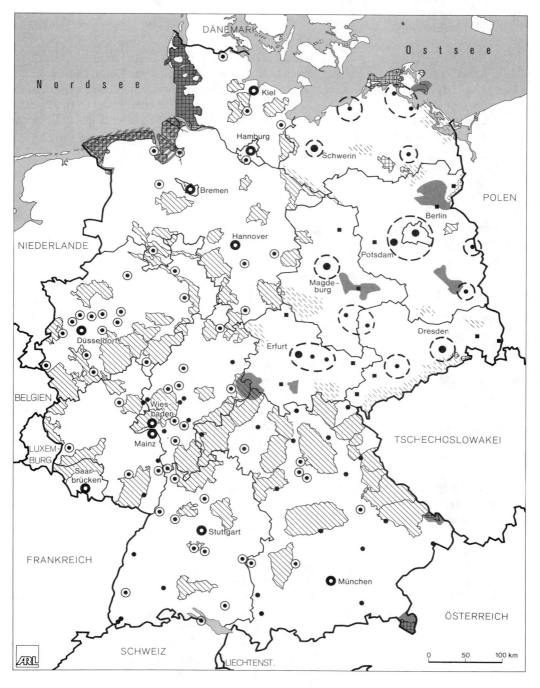

V. Infrastrukturpolitik

1. Einführung[26]

Eine Industriegesellschaft ist erst dann voll funktionsfähig, wenn sie über moderne, leistungsfähige Arbeitsplätze und eine gut ausgebaute Infrastruktur verfügen kann. Deren Nutzen für die Gesellschaft liegt nicht zuletzt in ihrer Wechselwirkung. Eine Infrastruktur, die nicht den raschen Transport und leichte Telekommunikation erlaubt, schmälert den Wert des produktiven Kapitals. Investitionen in die Modernisierung von Produktionsanlagen sind daher gesamtwirtschaftlich um so produktiver, je leistungsfähiger die Infrastruktureinrichtungen sind.

Zur Infrastruktur zählen

- Wohnungsnahe Infrastruktur, wie z.B. Bildungseinrichtungen, Gesundheitswesen, Sozialwesen, Sport und Erholung und selbstverständlich Wohnungen
- Verwaltung (allgemeine Verwaltung, Innere Sicherheit)
- Wirtschaftsnahe Infrastruktur, wie Verkehrs- und Nachrichtenübermittlung, Ver- und Entsorgung.

In jedem Bereich wird unterschieden zwischen den materiellen, den institutionellen und den personellen Elementen. Für die Qualität eines Standortes ist entscheidend, ob alle für die Wirtschaft und die privaten Bedürfnisse notwendigen Einrichtungen vorhanden, gut erreichbar und mit erfahrenem Personal ausgestattet sind.

Zahlreiche Schwierigkeiten im Vereinigungsprozeß sind auf Mängel in diesem Gebiet zurückzuführen, wodurch deutlich wird, wie wichtig eine gute, sachkundige Verwaltung ist.

Ziel der Raumplanung ist letztlich der Abgleich konkurrierender Flächenansprüche und die Schaffung möglichst gleichwertiger Lebensverhältnisse. In der Schaffung einer für alle Infrastrukturbereiche quantitativ und qualitativ ausreichenden regionalen Ausstattung wird eine wesentliche Voraussetzung für die Verwirklichung des Ziels gleichwertiger Lebensverhältnisse gesehen.

Mit Infrastrukturinvestitionen ist - wie im Abschnitt über die Möglichkeiten der regionalen Strukturpolitik schon diskutiert wurde - eine Reihe positiver Effekte verbunden (Einkommens-, Versorgungs- und Anreizeffekte für die Standortwahl).

Die Raumordnung wird diese Effekte bei ihrer Einschätzung des besten mittleren Weges zwischen den unterschiedlichen Flächenansprüchen (Wachstumsziel versus Konservierungsziel) berücksichtigen und abwägen müssen, ob die geplanten Infrastrukturverbesserungen ausreichen, Industrie-, Gewerbe- oder Dienstleistungsunternehmen anzuziehen und welche Konsequenzen das für die Schutzgüter des Gesetzes über die Umweltverträglichkeitsprüfung hat.

Nachfolgend können nicht alle Infrastrukturbereiche diskutiert werden. Das ist auch nicht erforderlich, denn die Verfügbarkeit von Wohnungen mit zeitgemäßem Komfort oder ausreichende Kommunikationsmöglichkeiten sind in ihrer Bedeutung so evident, daß darauf nicht näher eingegangen zu werden braucht.

Der nachfolgende Inhalt konzentriert sich auf drei Bereiche, die in dem hier gezogenen Rahmen besonders diskussionswürdig sind: Erholungs-, Entsorgungs- und Verkehrsinfrastruktur.

2. Erholungsinfrastruktur

In den verdichtungsfernen ländlichen Räumen wird die wirtschaftliche Tragfähigkeit in den nächsten Jahren in dem Maße zurückgehen, wie sich die Landwirtschaft aus der Fläche zurückziehen muß und darüber hinaus auch noch die Einkommen der Erwerbstätigen der Landwirtschaft und/oder deren Zahl aufgrund schlechter werdender Erzeugerpreise rückläufig sein werden. Das gilt ganz besonders für die im Vergleich zu Westdeutschland sehr dünn besiedelten ländlichen Räume der neuen Bundesländer (vgl. Karte 2: Bevölkerungsdichte 1989).

Eine der verbleibenden zukünftigen Entwicklungsmöglichkeiten wird der Fremdenverkehr sein, für den jedoch schnell die benötigte Infrastruktur zu schaffen ist, und zwar nicht nur um die Erholungssuchenden aufzunehmen, sondern ganz besonders auch, um einen naturverträglichen Fremdenverkehr zu entwickeln. Überall in Europa, wo nicht von vornherein die Infrastruktur aufgrund eines langfristigen regionalen Entwicklungsplanes konzipiert und gebaut wurde, waren eine zu dichte Besiedelung, Betonhochburgen und eine weitgehende Zerstörung der landschaftlichen Schönheit die Folge.

Sollen sich die vorgesehenen Bauten gut der Landschaft anpassen, ist in der Regel eine möglichst einfache Infrastruktur vorzusehen. Die Straßen, die der Erschließung der Fremdenverkehrsgebiete dienen, sollten nicht unbedingt der Flüssigkeit des Verkehrs dienen, darüber hinaus sollten sie so umweltverträglich wie irgend möglich gebaut werden. Der Straßenraum sollte ausreichend Platz zur Anlage von einfachen Fuß- und Radwegen lassen. Versiegelung ist so weit wie möglich zu vermeiden. Eine besondere Beachtung verdient die Erhaltung der vielen schönen Baumalleen, wozu es von der Verkehrsseite her schon recht akzeptable Vorschläge gibt.

Bei Wasserver- und Entsorgung ist zu prüfen, inwieweit sie einerseits dezentral angelegt werden können, um Kosten zu sparen, und andererseits genügend flexibel sind, da die zu entsorgende Bevölkerung um ein Vielfaches im Wochen-, Monats- und Jahresverlauf schwankt.

Erholungssuchende bevorzugen in der Regel Erholungsregionen, die ihnen etwas ''bieten''. Deswegen sollten von vornherein Gemeinschaftseinrichtungen, wie offene oder gedeckte Schwimmbäder, Golfplätze, Reitanlagen, Häfen für Sportboote, Wander- , Fahrrad- und Reitwege (als weiträumige Wegesysteme), Tennisplätze, Spiel- und Abenteuerplätze für Kinder u.a., vorgesehen werden. Motorboote sollten aus ökologisch wertvollen Binnenseen oder Teilen von ihnen ausgeschlossen werden. Damit ist nicht gesagt, daß alles auch überall gebaut werden sollte. Jede Gemeinde muß ihre besonderen Möglichkeiten erkennen und nutzen und in jedem Fall der Privatinitiative bei Bau und Betrieb den Vortritt lassen. Allerdings sollte sich die Planungsbehörde, die diese Anlagen zu genehmigen hat, nicht nur um Standort, Erschließung, landschaftsgerechtes Bauen etc. kümmern, sondern sich auch davon überzeugen, daß eine sorgfältig recherchierte Marktanalyse und ein angemessener Finanzierungsplan vorliegt. Nach dem Gesetz ist das nicht ihre Aufgabe, aber in der kommunalen Praxis fallen nicht fertiggestellte oder später nicht rentable Anlagen häufig den Gemeinden zur Last oder verunstalten als Bauruine das Bild der Gemeinde.

Karte 3: Bevölkerungsdichte von Deutschland 1989 nach Kreisen

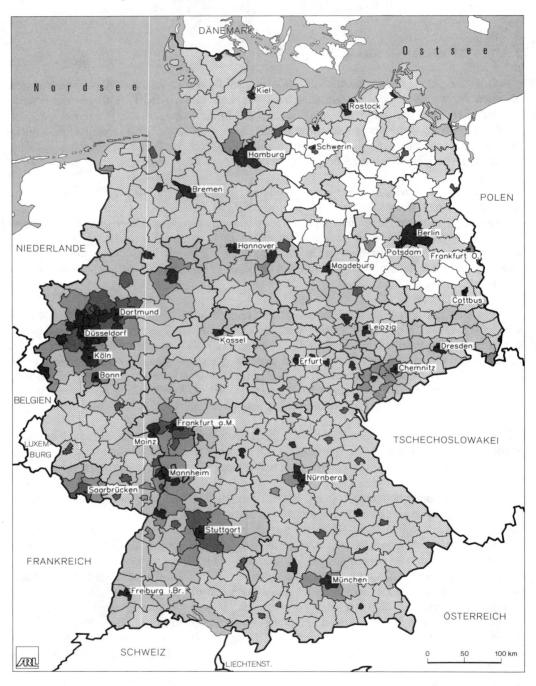

Quelle: BfLR-Mitteilungen 6/90, Laufende Raumbeobachtung der BfLR

Das gilt natürlich ganz besonders für Großanlagen wie Vergnügungsparks nach dem Muster von Disneyland, die heute nicht nur dem Amüsement, sondern ebenso der Erholung oder der aktiven Erziehung (Theme-Parks) dienen. Sie sind im Ausland, wenn sie nicht allzuweit von Ballungszentren (maximal zwei Autostunden) entfernt liegen, durchaus mit Erfolg zur Verbesserung der wirtschaftlichen Tragfähigkeit weniger entwickelter Gebiete eingesetzt worden.

Bei hinreichend attraktivem und differenziertem Angebot werden sie nämlich nicht nur bei schönem Wetter, sondern auch bei Regen und während der schlechten Jahreszeit aufgesucht. Sie bieten viele Arbeitsplätze. Es muß allerdings sehr auf die ganzjährige Attraktivität für viele unterschiedliche Ansprüche und darauf geachtet werden, daß nicht gleichzeitig mehr Parks eingerichtet werden, als die Bevölkerung des in der Regel recht großen Einzugsgebietes ausnutzen kann. Eine überregionale Zusammenarbeit ist geboten.

3. Entsorgungsinfrastruktur

Dem Kenner der Verhältnisse in der früheren DDR ist bekannt, daß Entsorgung (Destruktion) - im Gegensatz zur Produktion - im Rahmen der SERO eine sehr wichtige, sonst aber im Hinblick auf die Entsorgung der nicht verwertbaren Stoffe eine sehr untergeordnete Rolle spielte; mit allen damit einhergehenden Konsequenzen für die Belastung des Grundwassers und der Atmosphäre.

Es ist deshalb angebracht, zunächst auf die heutige umweltverträgliche "Entsorgungs-Philosophie" einzugehen und die raumplanerischen Konsequenzen darzustellen und diesen Abschnitt mit einigen Bemerkungen zur Altlastenproblematik abzuschließen.

3.1 Entsorgungs-Philosophie

Der Sachverständigenrat für Umweltfragen (SRU) hat in seinem jüngsten Gutachten "Abfallwirtschaft" darauf hingewiesen, daß in der Praxis zwischen Versorgung und Entsorgung immer noch eine erhebliche Diskrepanz besteht, die in erster Linie für Umweltbelastungen und -schäden verantwortlich ist. Der eigentlich notwendige übergreifende Systemansatz blieb bisher weitgehend außer acht. Während Produktion, Distribution und Verwendung von Waren und Dienstleistungen in meist geordneten, gut ausgebauten und aufeinander abgestimmten Kanälen laufen, bestimmen auf der Abfallseite Unordnung und Zufälligkeit weitgehend den Stoff-Fluß.

Einer hochentwickelten Versorgungsinfrastruktur steht - so hebt der SRU zu Recht für die ganze Bundesrepublik hervor - eine unterentwickelte Entsorgungsinfrastruktur gegenüber. Un-

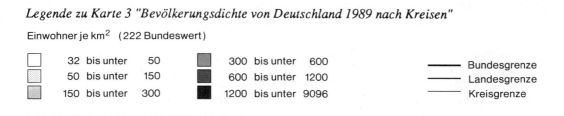

Legende zu Karte 3 "Bevölkerungsdichte von Deutschland 1989 nach Kreisen"

terentwickelt deshalb, weil die Entsorgung eben noch nicht gebührend in die wirtschaftlichen Entscheidungen und Handlungen (der Produzenten und Verbraucher) einbezogen wird. (TZ 83)

Die folgende Tabelle 4 zeigt das Abfallaufkommen für die alten Bundesländer anhand der neuesten verfügbaren Zahlen.

Tab. 4: Abfallaufkommen in den alten Bundesländern 1987

1. Industrie- und Gewerbemüll (ohne Bauschutt)	103.828 Mio. t
2. Bodenaushub und Bauschutt	108.366 Mio. t
3. Hausmüll und hausmüllähnlicher Gewerbeabfall	
3.1 Private Haushalte, Kleingewerbe, Dienstleistungen	19.483 Mio. t
3.2 Hausmüllähnlicher Gewerbeabfall	7.589 Mio. t
4. Infrastrukturmüll	
4.1 Kommunaler Infrastrukturmüll	1.301 Mio. t
4.2 Klärschlamm (Trockenmasse)	1.743 Mio. t
insgesamt:	242.628 Mio. t

Quelle: Sachverständigenrat für Umweltfragen: Sondergutachten Abfallwirtschaft, September 1990, S. 341, Tab. 3.1.1.

Das folgende Ablaufschema "vom Ausgangsstoff zum Abfall" (Übersicht 2) sowie das Schema "Stoffströme im technisch-ökonomischen System" (Übersicht 3) zeigt, in welchem Umfang Abfallströme als wichtiges Pendant zur Versorgung mit Produkten zu sehen sind.

Nach Vermeidung und Verwertung der Abfallstoffe gibt es heute außer der thermischen Behandlung der nicht vermeidbaren und nicht verwertbaren Reststoffe kein umweltverträgliches Verfahren, das in der Lage wäre, die anfallenden Abfallmengen zu inertisieren. Aber es fehlt aller Orten an - dem Stand der Technik entsprechenden - thermischen Behandlungsanlagen. Das gilt in erschreckendem Maße für die alten und die neuen Bundesländer. Die Bundesrepublik befindet sich deshalb in einem Entsorgungsnotstand.

Bei der Beseitigung dieses Entsorgungsnotstandes sprechen zahlreiche gute Argumente dafür, Abfallentsorgung als High-tech-Entsorgung künftig durch private Unternehmen durchführen zu lassen. Geht man davon aus, daß 1987 rund 3% des Abfalls exportiert, rund 3% des Abfalls durch gewerblich betriebene Anlagen (Entsorger), rund 46,5% des Abfalls durch die Öffentliche Hand und rund 47,5% des Abfalls durch das Produzierende Gewerbe entsorgt wurden, so sind insbesondere im Hinblick auf den Strukturanteil des durch die Öffentliche Hand entsorgten Abfalls dies keine Zahlen von "Ewigkeitswert".

Dem Kenner der kommunalen Verhältnisse ist deutlich, daß vermutlich manches schneller und effizienter und v.a. mehr mit High-tech entsorgt werden würde, wenn in den Kommunen bzw. den Gebietskörperschaften die Fachleute so handeln dürften, wie es die fachlichen Aufgaben erfordern. Und das spricht für private Entsorgung.

Im Hinblick auf die fachlichen Aufgaben und abfallwirtschaftlichen Ziele ist zunächst davon auszugehen, daß wir uns in rund 200 Jahren Industriegeschichte angewöhnt haben, nicht von den Zinsen der natürlichen Ressourcen zu leben, sondern auch schon vom Kapital, d.h. wir leben unter ökologischen Gesichtspunkten über unsere Verhältnisse. Wenn auch der Abfallwirtschaft, der

Übersicht 2: Ablaufschema vom Ausgangsstoff zum Abfall

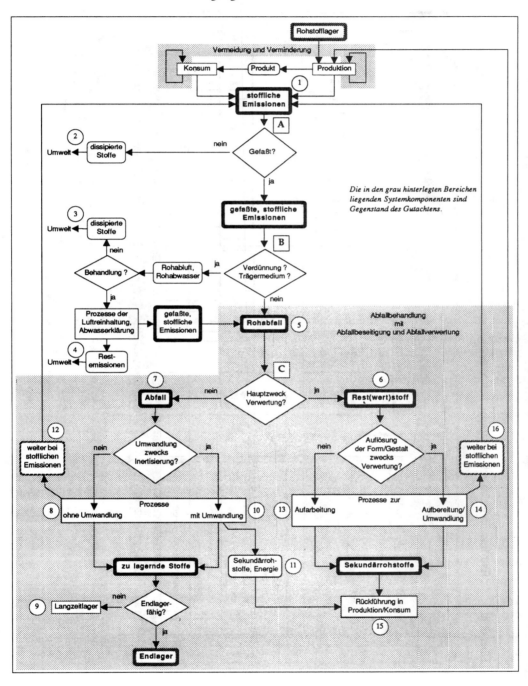

Quelle: SRU

Übersicht 3: Stoffströme im technisch-ökonomischen System

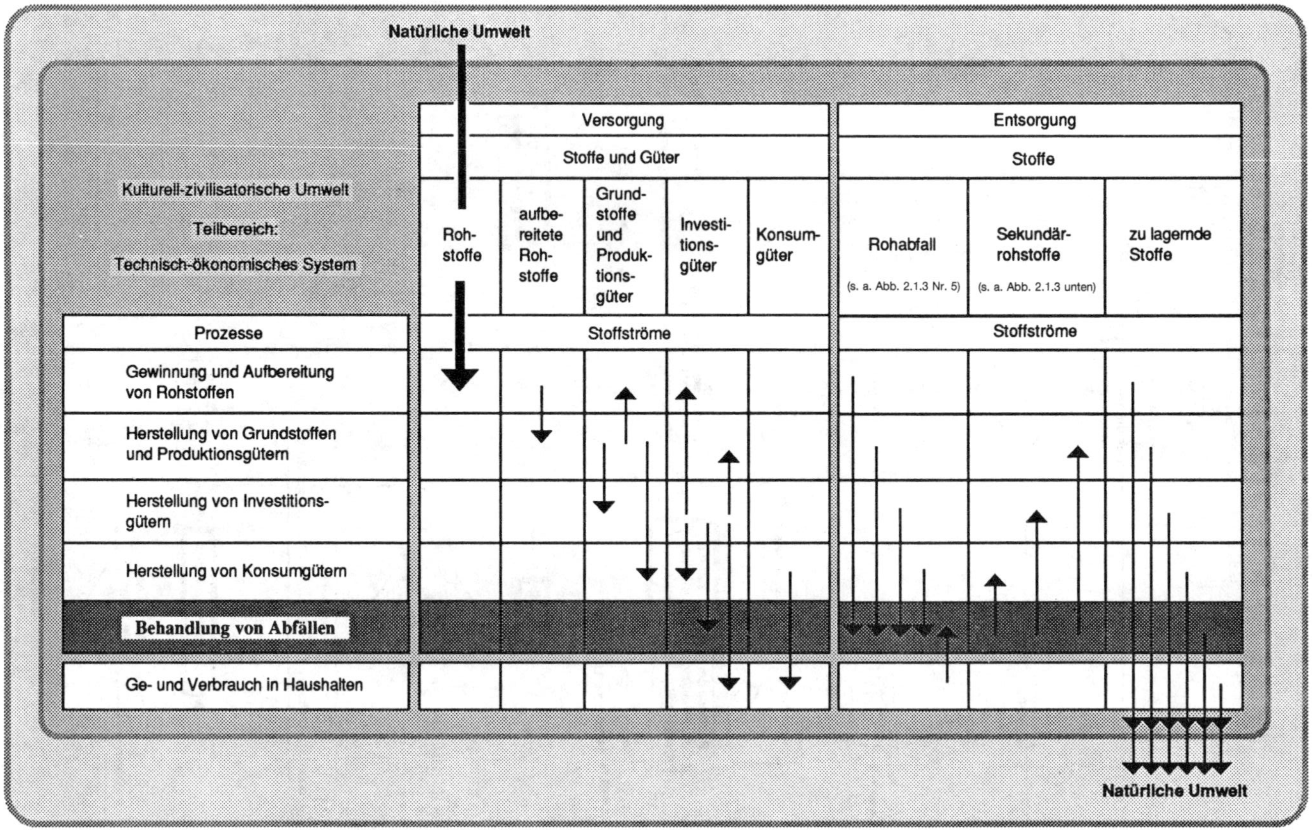

Quelle: SRU, in Anlehnung an GEORGESCU-ROEGEN 1977

Abfallvermeidung und der Abfallverwertung als Beitrag zur Schonung nicht erneuerbarer natürlicher Ressourcen eine zentrale Bedeutung zukommt, so muß doch gesehen werden, daß es nicht vermeidbaren und nicht verwertbaren Abfall gibt. Das bedeutet, daß eine Weiterentwicklung des Abfallrechtes mit einer stärkeren Gewichtung von Vermeidung und Verwertung und aus Gründen des Ressourcenschutzes eine Priorität der stofflichen vor der thermischen Verwertung in absehbarer Zeit kommen wird. Unbeschadet dessen kommt man an der thermischen Behandlung nicht vermeidbarer und nicht verwertbarer Reststoffe nicht vorbei. Diese naturwissenschaftliche Erkenntnis haben auch diejenigen zu akzeptieren, die aus vermeintlich guten Gründen, durch Blockaden bei der Errichtung von Abfallentsorgungsanlagen meinen, einer guten Sache (stärkerer Abfallvermeidung) zu dienen.

In den alten wie den neuen Bundesländern ist mithin eine integrierte Abfallwirtschaft anzustreben, die als abgestimmtes Zusammenwirken von Vermeidung, Verwertung und Entsorgung auf dem jeweils höchsten technischen Niveau (High-tech) mit dem Ziel zu verstehen ist, Umwelt, Mitwelt und Nachwelt vor Ansammlungen von Abfall soweit wie möglich zu bewahren.

Im Hinblick auf die Notwendigkeit, nicht vermeidbare und nicht verwertbare Abfallreste thermisch zu entsorgen, kann die mangelnde soziale Akzeptanz dieses Behandlungsschrittes nicht übersehen werden. Damit hat sich in Zukunft auch der Raumplaner zu beschäftigen.

Deshalb muß hier darauf eingegangen werden. In der öffentlichen Diskussion ist es sehr oft hilfreich, wenn man zu strittigen Punkten die einschlägigen Erkenntnisse eines wissenschaftlichen Gremiums anführen kann, das in der strittigen Sache nicht a priori Partei ist.

Der Sachverständigenrat für Umweltfragen hat zu dieser äußerst kontrovers diskutierten Frage in seinem Gutachten Abfallwirtschaft wie folgt Stellung genommen:

"Eine vernünftige, umweltverträgliche Behandlung und Ablagerung der Abfälle muß auch darauf gerichtet sein, die notwendige Akzeptanz dafür zu erreichen. Diese muß von der Einsicht ausgehen, daß der Stand der Zivilisation und die Wirtschaftsweise der Menschen eine vollständige Vermeidung und Verwertung von Abfällen ausschließen und daß der menschliche Umgang mit Stoffen schon seit Jahrhunderten nicht mehr rückgängig zu machen ist, der Stoffveränderungen und -vermischungen bewirkt hat. Hinzu kommt, daß die Erkenntnis der Abfallprobleme und ihrer Schwere einerseits weit hinter dem sie bedingenden Fortschritt des Wohlstandes und der technisch-industriellen Prozesse zurückgeblieben ist und diesen nicht in der wünschbaren Schnelligkeit und Wirksamkeit korrigieren kann. Im Produktionsbereich entstanden immer neue, in der Natur nicht vorkommende Stoffe, deren Beseitigung erst in Angriff genommen wurde, als Umweltschäden diese erzwangen." (TZ 2022)

Der Sachverständigenrat führt an anderer Stelle aus: "Manche Kampagne von Umweltschutzverbänden gegen Abfallverbrennungsanlagen erweckt den Verdacht, daß das Vorhandensein akuter Müllnotstände eine allgemeine Abfallvermeidung und -verwertung erzwingen soll, ohne die Schaffung geeigneter institutioneller und praktischer Voraussetzungen dafür abzuwarten. Dieses bedeutet aber eine - vielleicht nicht völlig wieder gutzumachende - Verschärfung der derzeitigen Umweltbelastung und -gefährdung und die Gefahr der Bildung zukünftiger Altlasten, die nicht vertretbar wären." (TZ 2027)

Wenn in der Produktion mit High-tech gearbeitet wird, ist es wie bereits erwähnt erforderlich, auch in der Destruktion mit High-tech zu arbeiten, um die anfallenden Abfallmengen unverzüglich so umweltverträglich wie möglich zu entsorgen. Für den Wohlstand unserer Gesellschaft hat eine saubere Umwelt und die Vermeidung des Entstehens neuer Altlasten einen hohen Stellenwert.

Die Schemata zeigen den Systemzusammenhang und die Betriebsteile einer dezentral organisierten Abfallentsorgungsfabrik.

Dabei sollte deutlich sein, daß aus Gründen des Umweltschutzes biologisch-reaktive Multikomponenten-Deponien wegen den mit ihrer Ablagerungstechnik verbundenen Grundwasserkontaminationen und Methangasemissionen strikt abzulehnen und künftig nur noch drei Stoffströme akzeptabel sind:

Übersicht 4: Systemgedanke regional-dezentralisierte Abfallentsorgungs-Fabrik (Stoffströme)

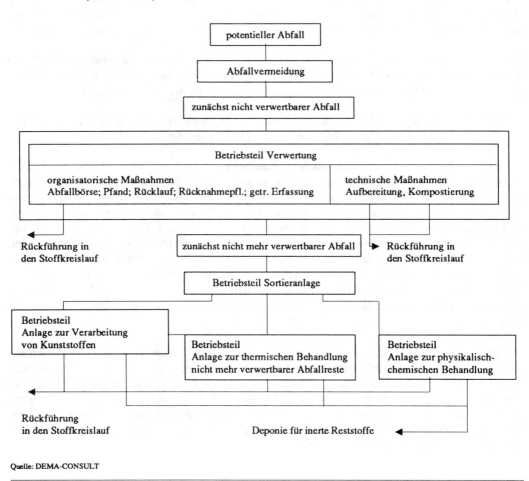

Quelle: DEMA-CONSULT

- Stoffströme, die durch thermische Behandlung inertisiert wurden und in inerten Reststoffdeponien unbedenklich abgelagert werden können,
- verglaste Schlacke und Filterstäube aus der Rauchgasreinigung, die kiesähnlichen Charakter haben und als Baumaterialien verwendet werden können und
- Stoffströme, die durch Getrenntsammlung und nach Aussortierung in den Stoffkreislauf der Volkswirtschaft wieder zurückgeführt werden können.

In diesem Zusammenhang muß beklagt werden, daß das System der "Sekundärrohstoffverwertung" (SERO) mit seinen 16.000 Annahmestellen und rd. 25.000 Mitarbeitern in den "Wirren des Vereinigungsprozesses" zusammengebrochen ist, denn es hatte einen international anerkannten hohen Standard bei der Wiederverwertung der sog. Abprodukte, was aus Gründen des Schutzes der endlichen Ressourcen dieses Planeten (Entropiegesetz!) grundsätzlich zu bedauern ist. Mit Hilfe des SERO-Systems gelang es der DDR-Wirtschaft immerhin, etwa 13% ihres primären Rohstoffverbrauchs zu decken, was monetär zu einer Erparnis von einigen Milliarden Ost-Mark führte und z.B. das Hausmüllaufkommen der Bewohner der alten DDR (bei alten Konsummöglichkeiten) auf rd. 174 kg/Ew/a reduzierte (alte BRD: 365 kg/Ew/a).

Das neue Gesamtkonzept zur Abfallpolitik hat Bundesumweltminister Klaus Töpfer im April 1991 dem Umweltausschuß des Bundestages vorgestellt. Inhalte des Programms sind eine Novelle des Abfallgesetzes, eine neue Verpackungsverordnung, die umweltfreundliche Entsorgung von Zeitungen und Autos, eine Verordnung über die Vermeidung und getrennte Entsorgung von Produkten, die Schadstoffe enthalten, eine Verordnung über die umweltfreundliche Entsor-

Übersicht 5: Systemgedanke regional-dezentralisierte Abfallentsorgungs-Fabrik

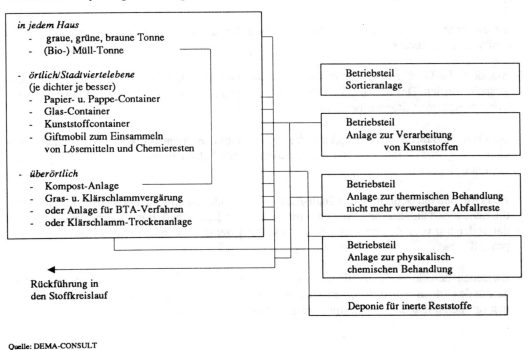

Quelle: DEMA-CONSULT

gung von Elektronikschrott, eine Verordnung über die Vermeidung und Trennung von Bauabfällen, der Ausbau der Mehrweg-Systeme bei Getränken und das Abfall-Abgaben-Gesetz.

Das gesamte Konzept soll bis Ende 1992 umgesetzt sein, weil sich viele der einzelnen Punkte wechselseitig stützen. Der Minister verlangt zu Recht, bei der Produktion endlich von den Möglichkeiten und Grenzen der Destruktion her zu denken.

3.2 Raumplanerische Konsequenzen

Raumplanung als Abgleich von divergierenden Flächenansprüchen nach Gesichtspunkten des Allgemeinwohls hat sich - ebenso wie alle anderen Politik- und Verwaltungsbereiche - mit den u.U. widrigen Strömungen des Zeitgeistes auseinanderzusetzen. Z.Zt. zielen die Hauptströmungen unserer Freizeit- u. Wegwerf-Gesellschaft u.a. auf Konsum und fröhliche Selbstverwirklichung. Nur eine kleine Gruppe Verantwortlicher, eine bescheidene Minderheit, kümmert sich um die daraus folgenden Konsequenzen.

Die Raumplaner müssen deshalb mit der unerfreulichen Tatsache fertig werden, daß keiner die Abfälle unserer Freizeit- und Wegwerfgesellschaft haben will und sich schon dann Proteste äußern, wenn ein fachlich geeigneter Standort für eine thermische Anlage (mit Komplementäreinrichtungen) erst gesucht werden soll.[27] Der Raumplaner wird sich dabei auch mit den Abfallexperten verbünden und Aufklärungsarbeit in dem Sinne leisten müssen, daß eine thermische Anlage zur Behandlung nicht vermeidbarer und nicht verwertbarer Abfallstoffe, die den gültigen Regelungen (17.BImschV) entspricht, aus gesundheitlicher und ökologischer Sicht unbedenklich ist.[28]

An dieser Stelle kann nicht der Prozeß der Standortfindung im einzelnen beschrieben werden[29], es sollte aber deutlich sein:

- Standorte für Großprojekte der Infrastruktur können nicht unter Ausschluß der Öffentlichkeit gesucht werden. Das bedeutet einen sehr erheblichen Mittel- und Zeitaufwand für die Festlegung geeigneter ''Standortbereiche''.

- Standorte von Infrastrukturprojekten, die einen erheblichen Transportkostenaufwand verursachen, sollten aus Gründen der Kostenminimierung möglichst nahe am bedeutendsten Quellaufkommen liegen.

Aus Gründen der Schonung des Stadt-/Landschaftsbildes ist eine angemessene Einbindung in die Landschaft anzustreben. Kostenminimierung und Landschaftsbild-Optimierung erfordern damit den nur vom Raumplaner (unter Mitwirkung der Bevölkerung) zu definierenden Kompromiß.

- Zwischen den entsorgungspflichtigen Gebietskörperschaften muß ein vertrauensvolles Verhältnis des ''do ut des'' geschaffen werden, das es ermöglicht, adäquate Kompensationsleistungen für die Hinnahme des Kompromiß-Standortes zu gewähren.

3.3 Bemerkungen zur Altlastenproblematik

Boden- und Grundwasserkontaminationen als Folge unkontrollierter Ablagerungen von umweltgefährdenden Abfallstoffen sind in der ganzen Bundesrepublik - ebenso wie in anderen industrialisierten Ländern - ein sehr ernstes Problem.

Fachleute rechnen damit, daß von den rd. 50.000 Altlastenverdachtsflächen in den alten Ländern rd. jede zehnte Fläche sanierungsbedürftig ist.[30] In den neuen Bundesländern rechnet man mit rd. 27.900 Altlast-Verdachtsflächen. Bisher fehlt jedoch eine systematische Gefährdungsabschätzung für die identifizierten Altlasten.

"Die technischen Lösungen für Altlastensanierungen sind in jedem Einzelfall von geohydrologischen Parametern wie Bodenstruktur, Grundwasserfließrichtung und Bodenverdichtung, den dort herrschenden Bedingungen wie Zugänglichkeit der Kontamination, Bebauung oder Versiegelung sowie der Qualität der Kontamination (wie Art und Ausmaß) abhängig. Sanieren bedeutet das Wiederherstellen der ökologischen Funktion des Bodens mit dem Ziel, eine bestimmte Nutzung durch Sicherung oder Minderung des festgestellten Schadstoffpotentials zu erreichen."[31]

Die folgende Übersicht 6 zeigt Verdachtsflächen nach Industrie-Branchen.

Übersicht 6: Altlast - Verdachtsflächen nach Industriebranchen

Steinkohlebergbau Gaswerke Kokereien	Herstellung von Handelsdünger	Verarbeitung von Gummi, Kunststoffen und Asbest
NE-Metallerzbergbau	Herstellung von organischen Grundstoffen und Chemikalien	Erzeugung und Verarbeitung von Leder
Mineralölverarbeitung Mineralöllagerung (inkl. Altöl)	Herstellung von Kunststoffen	Herstellung von Speiseölen und Nahrungsfetten
	Herstellung von Farben und Lacken	
NE- Metallhütten	Herstellung von Pflanzenschutz- mitteln, Schädlingsbekämpfungs- mitteln usw.	Chemische Reinigungen
NE-Metallumschmelzwerke		Abfallbeseitigungsanlagen, Klärwerke
Metallgießereien	Herstellung von Munition und Explosivstoffen	Schrottplätze, Autowracks
Oberfllächenveredlung Härtung von Metallen	Herstellung und Verarbeitung von Glas	Güterbahnhöfe, Bahnbetriebswerke
Herstellung von Batterien, Akkumulatoren		Flugplätze
	Herstellung, Bearbeitung und Imprägnierung von Holz	Aufbereitungsanlagen für ver- brauchte Lösemittel, Chemikalien
Herstellung, Verarbeitung und Gewinnung von Spalt- und Brutstoffen, Glühstrumpffabriken	Metallverarbeitung Herstellung und Verarbeitung von Papier, Pappen und Textilien	Tierkörperbeseitigung, Tierkörperverwertung
Herstellung von anorganischen Grundstoffen und Chemikalien		

Quelle: Meyer, P.: Sicherheitstechnische Aspekte bei der Sanierung von Altlasten. In: Abfallwirtschaftsjournal, Jg. 1 (1989), H.1, S. 39.

Die Strategien zur Sanierung von Altlasten sind so zahlreich, daß hier im einzelnen nicht darauf eingegangen werden kann. Letztendlich kommt es immer auf die spezifische Situation an.

Im Hinblick auf biologisch-reaktive Multikomponenten-Deponien und die Altablagerungen (in der alten DDR rd. 11.000) wird von Fachleuten daran gedacht, die Kontaminationsquellen auszukoffern und mit den baldmöglichst zu erstellenden thermischen Behandlungsanlagen vertret- und kontrollierbare Schadstoffsenken zu schaffen.

4. Verkehrsinfrastruktur

Die qualitative und die quantitative Verbesserung der Transportinfrastruktur stellt sowohl im Hinblick auf den Transport von Nachrichten und Personen als auch von Gütern eines der wichtigsten Instrumente zur Beeinflussung der räumlichen Entwicklung dar. Verbesserungen der Infrastruktur wirken kostensenkend und damit zugleich fördernd im Hinblick auf Arbeitsteilung, Spezialisierung und Effizienzsteigerungen.

Die einleitend dargestellten Veränderungen (Europäische Integration, Vereinigung von Ost- und Westdeutschland, Öffnung der osteuropäischen Staaten, Verstärkung der Umwelt- und Ressourcenprobleme) führen zu einer neuen Bewertung der Verkehrswegeinfrastruktur.

Zum einen steigen die organisatorischen und logistischen Anforderungen beim Transport der Güter, zum anderen setzt eine weltweit und arbeitsteilig operierende Wirtschaft eine quantitativ und qualitativ ausreichende Verkehrsinfrastruktur voraus. Das örtliche bzw. regionale Angebot an Fernverkehrsverbindungen wird als Standortfaktor immer wichtiger. Eine Region oder ein Zentrum erscheint aus diesen Gründen nur dann noch längerfristig attraktiv, wenn sich in ihr oder in ihrer Nachbarschaft ein funktionsfähiger (international orientierter) Flughafen befindet, die Einbindung in das europäische Hochgeschwindigkeitsnetz der Eisenbahn gewährleistet ist und das Fernstraßennetz kapazitätsmäßig ausreicht. Damit entsteht die Notwendigkeit einer stärkeren Abstimmung zwischen der regionalen Wirtschaftspolitik und der Verkehrswegeplanung.

Die Wiedervereinigung bewirkte eine abrupte Veränderung in der Lagegunst vieler deutscher Regionen, von der angesichts der verkehrsinfrastrukturellen Erschließungsqualität gegenwärtig vor allem der Raum im Dreieck Frankfurt-Köln-Hannover profitiert. Die regionale Lagegunst kann hierbei über die von den einzelnen Zentren in gewissen Zeitdistanzen erreichbare Bevölkerung, die Nähe zu konkurrierenden Städten und die durchschnittliche Entfernung zu allen Absatzzentren Deutschlands bzw. Europas gemessen werden. Zu den großen Gewinnern bei den großräumigen Erreichbarkeitsverhältnissen zählen vor allem die an der traditionellen West-Ost-Achse London/Brüssel über Köln-Ruhrgebiet nach Hannover/Berlin-Warschau bzw. nach Kassel/Leipzig liegenden Regionen. Sie werden, sofern es gelingt, die gravierenden Engpässe in der Verkehrsinfrastruktur zügig zu beseitigen, zu interessanten Standorten für ausländische Investoren, die unter Vertriebsüberlegungen in der Europäischen Gemeinschaft Fuß zu fassen versuchen. Lagemäßig benachteiligt im vereinigten Deutschland sind gegenwärtig vor allem die Regionen Wismar, Rostock, Stralsund, Greifswald, bei denen - läßt man einmal Rostock außer acht - noch das Fehlen echter Oberzentren sowie eine unterdurchschnittliche Bevölkerungsdichte erschwerend hinzutreten.

Um so wichtiger ist daher, daß die ostdeutschen Regionen ihren wichtigen Standortfaktor, nämlich die bestehenden Kundenkontakte nach Osteuropa sowie die zentrale Lage in einem nach Osten erweiterten Europa, möglichst bald wirksam werden lassen können. Dies impliziert jedoch nicht nur eine Liberalisierung der Handelsbeziehungen mit den östlichen Staaten, sondern verlangt vor allem eine Einbeziehung der ostdeutschen Regionen bzw. der östlichen Nachbarstaaten in eine großräumige europäische Verkehrswegeplanung sowie eine verstärkte Unterstützung des wirtschaftlichen Umstrukturierungsprozesses in Osteuropa.

Dabei ist allerdings zu berücksichtigen, daß der grenzüberschreitende Verkehr innerhalb der EG ausschließlich den in Brüssel beschlossenen Normen folgt. Verkehrslenkende nationale Interventionen in diesen Verkehr sind unzulässig. Der nationale Verkehr wird in Schritten den EG-Vorschriften angepaßt. Das bedeutet u.a. vollständige Freizügigkeit für Gütertransportunternehmer innerhalb der EG. Eine nationale Gesetzgebung, die bestimmten Verkehrsträgern bestimmte Aufgaben zuweisen würde, widerspräche dem Gemeinschaftsrecht.

Die Wahl des Transportmittels ist mithin vollkommen frei und richtet sich allein nach den Präferenzen und Kosten-Nutzen-Überlegungen dessen, der Fracht zu transportieren hat. Wer also den Gütertransport auf der Schiene erhalten und intensivieren will, muß mit dazu beitragen, daß die Eisenbahn qualitativ und preislich wettbewerbsfähige Angebote machen kann.

Im Hinblick auf den intraregionalen bzw. innerstädtischen Verkehr ist darauf hinzuweisen, daß die Entwicklung der europäischen und außereuropäischen Großstädte gezeigt hat, daß es unter Gesichtspunkten des Umweltschutzes, des Stadtbildes und der Stadtqualität nicht vertreten werden kann, das Ziel einer autogerechten Stadt anzustreben. Deshalb gilt: Nur einer kann Vorfahrt haben! Wer unter den gegebenen Umständen zu Recht den öffentlichen Nahverkehr fördern will, muß den Autos wehtun.

Bewährt hat sich, das von Stadt zu Stadt unterschiedlich zu definierende "optimale Miteinander" anzustreben. Dieses optimale Miteinander ist ein integrierter Nahverkehr, der zunächst Fußgängern und Radfahrern Raum gibt und darüber hinaus eine Verbindung von Bussen, die die Fläche bedienen, mit einer absolut vorfahrtsberechtigten Straßenbahn (auf eigener Trasse!) dort verwirklicht, wo mehr als 3000 Fahrgäste pro Strecke und Stunde zu transportieren sind. U- oder S-Bahn sind erst in Städten ab Millionengröße wirtschaftlich einsetzbar, wie die folgende Tabelle 5 erkennen läßt:

Tab. 5: Kennziffern innerstädtischer Verkehrsmittel

	U-/S-Bahn	Straßenbahn	Bus
Investitionen pro km, Fahrweg in Mio. DM	80 - 150	6 - 15	0 - 10
Nutzungsdauer in Jahren	25	25	8
Anzahl der Steh- und Sitzplätze	280	170	100
Beförderungsgeschwindigkeit km/h	30 - 35	20 - 30	15 - 25
Primärenergieverbrauch in Wattstunden/km und Fahrgastplatz	40 - 50	40 - 50	50 - 60

Quelle: Unterlagen des (früheren) Stadtentwicklungsreferates der Landeshauptstadt München

Im Hinblick auf den interregionalen Verkehr ist zunächst einmal festzuhalten, daß in den alten Ländern

- zwischen 1969 und 1989 sich der Anteil des Straßengüterfernverkehrs von 39,9 Mrd. Tonnenkilometer auf 113,4 Mrd. Tonnenkilometer erhöht hat und damit
- der Anteil des Straßengüterfernverkehrs an der gesamten Güterverkehrsleistung von 25% (1969) auf rd. 50% im Jahr 1989 gestiegen ist,
- der Anteil der DB im gleichen Zeitraum von 67,6 Mrd. auf 62,1 Mrd. Tonnenkilometer zurückgegangen ist.

Man sollte nicht verkennen, daß die neuen und die alten Bundesländer in unterschiedlichem Maße vor dem durch den Straßenverkehr induzierten Verkehrsinfarkt stehen. Die bereits gebauten Straßen "überlärmen" so weite Bereiche der Landschaft, daß es a priori nicht sinnvoll erscheint, - von Ausnahmen abgesehen - neue Trassen zu planen und damit neue Straßen zu bauen. Sinnvoll erscheint vor allem der Ausbau vorhandener Straßen, ihre Bereinigung von Unfallschwerpunkten und der Ausbau von Ortsumgehungen. Dabei ist zu berücksichtigen, daß der Personen- wie der Güterverkehr auf der Straße die unentbehrliche Verteilerfunktion in der Fläche wahrnehmen, wo die Eisenbahn weder geeignet noch konkurrenzfähig ist.

Das Angebot der Deutschen Bundesbahn, Güter schnell auf der Schiene zu transportieren, wurde zwar verbessert, doch zeigt sich immer deutlicher, daß gerade auf den großen Ferntrassen der Bundesbahn die Streckenbelastung so hoch ist, daß nennenswerte zusätzliche Transporte kaum mehr bewältigt werden können. Das hat zur Folge, daß unbedingt zusätzliche Gleise und Ersatzstrecken (in Nord-Süd-, vor allem aber in West-Ost-Richtung) sowie höhere Zugfolgen mit Hilfe der modernen Technik geplant und unverzüglich gebaut werden müssen, um die raumordnungspolitisch dringend erwünschte Kapazitätserweiterung der Eisenbahn für Gütertransporte zu schaffen.

Im Zuständigkeitsbereich der Reichsbahn ist im Hinblick auf die Erfahrungen in Westdeutschland die Erhaltung und qualitativ nachhaltige Verbesserung des Schienennetzes mit Nachdruck zu betreiben. Für den Verkehr bestimmte Investitionsmittel sollten deshalb aus der Sicht der Raumordnung überproportional dem Fernbahnnetz und dem öffentlichen Nahverkehr zur Verfügung gestellt werden.

Für die künftige Entwicklung sind zur Förderung eines umweltverträglichen "modal split" eine stärkere Verlagerung der Fern-Straßentransporte auf die Schiene, eine bessere Verknüpfung der Verkehrsnetze zur Verbesserung des Übergangs von der Straße auf die Schiene (und umgekehrt) sowie die Einrichtung von Güterverkehrszentren (GVZ) dringend geboten. Die Standorte solcher GVZ[31a] oder auch von Anlagen für den Umschlag im Kombinierten Ladungsverkehr (KLV) sollten integrierte Bestandteile der Verkehrsplanung sein, um den Übergang geeigneter Transporte auf die Schiene zu erleichtern.

Die Eisenbahnhöfe im Personenverkehr sind mit dem flächendeckenden Personennahverkehr zu verknüpfen, und es gilt, P+R-Anlagen einzurichten.

Regional- und Stadtplaner müssen "realistische Visionen" haben, aber sie dürfen natürlich nicht Illusionen nachhängen. In Westdeutschland entfallen 6 Prozent der Personenverkehrslei-

Übersicht 7: Anteile der Verkehrsleistungen in Deutschland

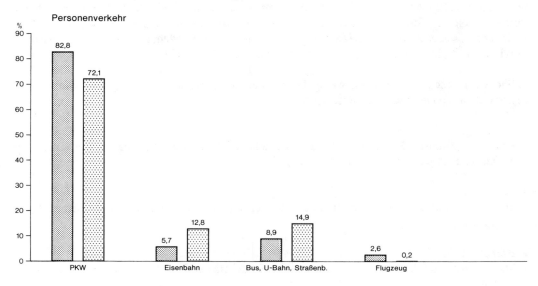

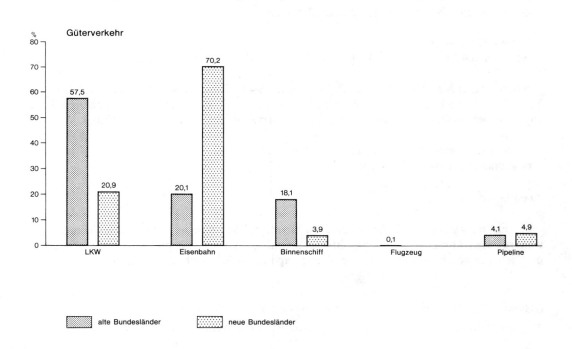

stungen auf die Eisenbahn und 11 Prozent auf den öffentlichen Personennahverkehr (ÖPNV). Nennenswerte Entlastungen der Straße (bei weiter zunehmendem PKW-Verkehr) lassen sich nur durch eine enorme Steigerung des Leistungsangebotes von Eisenbahn und ÖPNV erreichen. Da viele Voraussetzungen dafür nicht vorliegen, muß befürchtet werden, daß die Straßenbelastung durch den Individualverkehr weiter zunehmen wird (vgl. Übersicht 7).

Für den Landes- und Regionalplaner könnte der interregionale modal split im Sinne einer realistischen Vision etwa wie folgt aussehen:

- Flugzeug:
innereuropäischer und transkontinentaler Verkehr (bei Entfernungen über 500 km, soweit ein modernes Eisenbahnnetz verfügbar ist);

- Eisenbahn:
inter- und intraregionaler Güter- und Personenverkehr zu Knotenpunkten; keine Bedienung in der Fläche;

- Binnenschiff:
Massengüter auf den vorhandenen Wasserstraßen (keine weitere Kanalisierung);-Lastkraftwagen:
intraregionale Bedienung in der Fläche ab Knotenpunkten, kombinierter Ladungsverkehr mit der Eisenbahn ab Entfernungen von ca. 300 km;

- Personenkraftwagen:
intraregionale Bedienung in der Fläche; interregional im Ferienverkehr u.ä.

Mit einem Aufwand von 30 Mrd. DM hat die Deutsche Bundesbahn in den letzten Jahren ihr Schnellstreckennetz in Nord-Süd-Richtung ausgebaut. Wie das Angebot der schnellen Züge angenommen wird, entscheidet darüber, ob es im erwünschten Umfang dazu beiträgt,

- die Straßen vom interregionalen Pkw-Verkehr und
- den innerdeutschen Luftverkehr

zu entlasten.

Unklar ist z.Zt. auch die Beantwortung der Frage, welche Rolle in einem künftigen Europa die weitere Entwicklung der Ordnungspolitik für den Ablauf der Verkehrsprozesse spielen wird. Aus der Sicht der bundesrepublikanischen Transportpolitik wären wichtige Ansatzpunkte:

Legende zu Karte 4 "Fernverkehrsstreckennetz der Eisenbahn in Deutschland"

Alte Bundesländer	Neue Bundesländer	
○ Oberzentrum und Landeshauptstadt	◌ Entwicklungsregion	
⊙ Oberzentrum	● Landeshauptstadt	
• mögliches Oberzentrum	• größerer Ort innerhalb einer Entwicklungsregion	
	── Fernverkehrszugstrecke	▪ größerer Ort außerhalb einer Entwicklungsregion

Karte 4: Fernverkehrsstreckennetz der Eisenbahn in Deutschland

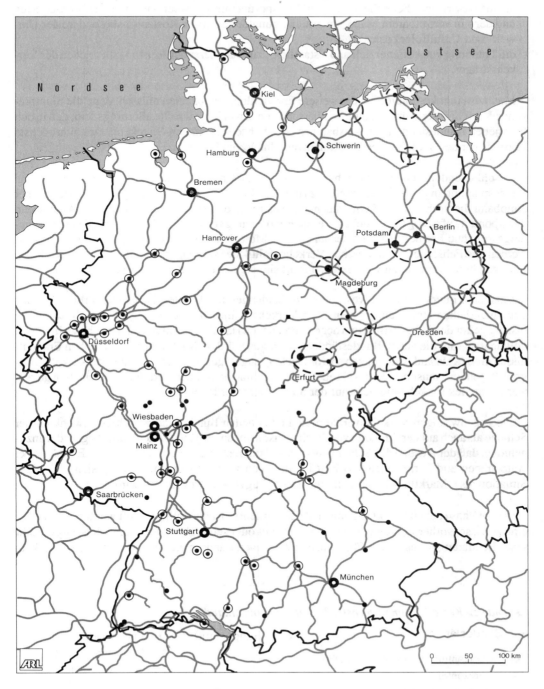

Quelle: Nach "Eisenbahnen in Deutschland - Reisekarte", Deutsche Bundesbahn und Deutsche Reichsbahn

- die Deregulierung der Verkehrsmärkte,
- die marktwirtschaftliche Steuerung der Transportnachfrage, unter Anlastung der Wegekosten und der - in vertretbarem Maße - Internalisierung der externen Kosten (insbesondere der Umwelt- und Unfallfolgekosten),
- die Trennung von kommerziell und ''staatlich'' zu finanzierenden Leistungsbereichen der Verkehrsträger.

Man wird hier kontinuierlich die weitere Entwicklung beobachten müssen, denn die raumprägende Kraft des Verkehrs ist kaum zu überschätzen. Zweifelsfrei sollte allerdings sein, daß in den fünf neuen Bundesländern der Ausbau des bestehenden Eisenbahn-Streckennetzes allerhöchste Priorität vor der Schaffung neuer Straßenverkehrsverbindungen hat.

Abschließend ist noch einmal hervorzuheben, daß aus der Sicht von Raumordnung und Landesplanung in jedem Falle sorgfältig zu prüfen ist, ob es nicht vielfach genügt, anstelle einer Autobahn die vorhandenen Fernstraßen auszubauen und Ortsumfahrten anzulegen. Auch wenn dies spontan auf wenig Gegenliebe bei einer Bevölkerung stoßen wird, bei der sich die gerade wiedergewonnene Freiheit u.a. in einer mächtigen Motorisierungswelle äußert, muß jetzt gewagt werden, die Fehler der westdeutschen Verkehrspolitik der vergangenen Jahrzehnte, die erst heute richtig spürbar werden, zu vermeiden, anstatt sie uneinsichtig zu wiederholen.

Dazu sind in erster Linie Investitionsentscheidungen auf Bundesebene erforderlich. Für den unumgänglichen Umbruch der deutschen Verkehrspolitik wäre es wenig förderlich, wenn die bislang geltenden Vorschriften und der entsprechende Handlungsrahmen unkritisch - weil schnell vollziehbar - auf die neuen Bundesländer übertragen würden. Nach wissenschaftlichen Erkenntnissen muß es alsbald Änderungen sowohl im Kostengefüge - und damit veränderte Kalkulationsgrundlagen im Transportwesen - als auch bei den rahmensetzenden Ordnungsvorschriften geben, wenn man des Verkehrsmolochs auf der Straße Herr werden will.

Die gegenwärtigen Verkehrsverhältnisse in den neuen Bundesländern führen sowohl auf der Schiene als auch auf der Straße zu vergleichsweise sehr langen Reisezeiten. Es ist begründet anzunehmen, daß der Ausbau des Schienennetzes und die Beseitigung der schlimmsten Engpässe bei Autobahnen und Fernstraßen viel Zeit in Anspruch nehmen werden. Es zeigt sich, daß diese Situation als ''Marktlücke'' für den regionalen Flugverkehr verstanden wird.

Für die Phase der Umstrukturierung und des Verkehrsausbaus sollte geprüft werden, ob man für eine gewisse, vorher festgelegte Zeit von evtl. fünf oder zehn Jahren den regionalen Flugverkehr unter Benutzung vorhandener Flugplätze in den neuen Ländern intensiv fördern und entwickeln

---

Legende zu Karte 5 "Bundesfernstraßennetz in Deutschland"

Alte Bundesländer		Neue Bundesländer	
O	Oberzentrum und Landeshauptstadt	◯	Entwicklungsregion
⊙	Oberzentrum	●	Landeshauptstadt
•	mögliches Oberzentrum	vorh. gepl. ——— ‐‐‐ Autobahn	● größerer Ort innerhalb einer Entwicklungsregion
		——— Fernstraße	■ größerer Ort außerhalb einer Entwicklungsregion

Karte 5: Bundesfernstraßennetz in Deutschland

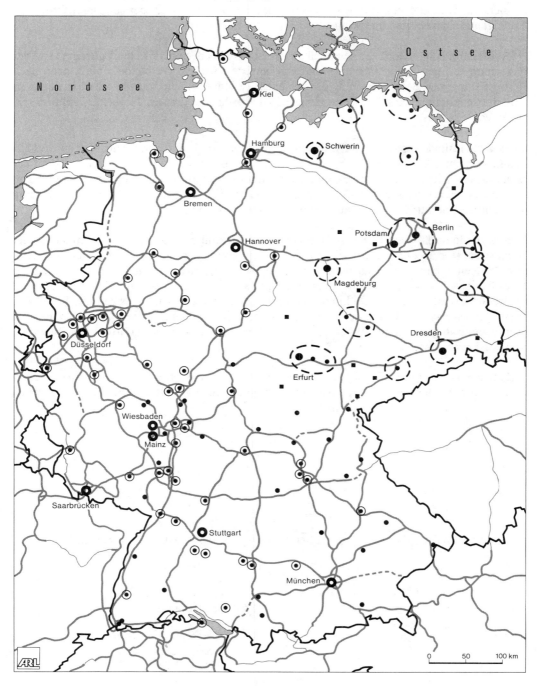

Quelle: Nach Bundesrepublik Deutschland 1:2 000 000 (Karte 1)

sollte. So ließe sich der im Augenblick die Entwicklung hemmende Widerspruch zwischen zeitlicher und räumlicher Entfernung zwischen den neuen und alten Ländern und ihren Ober- und Mittelzentren am ehesten überwinden.

Zweifelsfrei sollte allerdings sein, daß es sich angesichts des überlasteten Luftraums und der Notwendigkeit des Umweltschutzes um eine befristete Maßnahme handeln muß, denn nach Fertigstellung bzw. Modernisierung der Schienenverbindungen wird man mit der Eisenbahn so zeitgünstig fahren können, daß der regionale Luftverkehr zum größten Teil seine Funktion verlieren wird.

Die neuen Bundesländer zeichnen sich nach den erforderlichen Reparaturen durch ein verhältnismäßig dichtes Wasserstraßennetz aus, das im Zuge der zu erwartenden Durchlässigkeit der deutsch-polnischen Grenze besser genutzt werden sollte. Mit modernen Schiffen könnte ein Teil des Güterverkehrs, auch des Stückgutverkehrs, wie noch vor dem letzten Kriege zur Entlastung von Schiene und Straße wieder auf das Wasser verlegt werden.

Eine ökologisch orientierte soziale Marktwirtschaft und ein föderalistisch-demokratischer Rechtsstaat sind als komplementäre Ordnungen durchaus in der Lage, mit den Herausforderungen der Zeit flexibel fertig zu werden und die notwendigen Einrichtungen der Infrastruktur schnell zu schaffen, wenn die Funktionsfähigkeit dieser Ordnungen gewahrt bleibt. Zu Recht wird deswegen immer wieder darauf hingewiesen, daß es ein äußerst wichtiges Ziel der Politik ist, diese Anpassungsfähigkeit zu erhalten. Es ist nicht ohne Belang, diesen Gesichtspunkt der Anpassungsfähigkeit zu berücksichtigen, wenn nachfolgend typische Konflikte der Raumplanung diskutiert werden.

Zu den notwendigen Maßnahmen zum Ausbau des Verkehrssystems wird in der ARL an einer speziellen Empfehlung gearbeitet. Außerdem ist in diesem Jahr mit dem Entwurf eines neuen Bundesverkehrswegeplans zu rechnen.

Legende zu Karte 6 "Bundeswasserstraßen für Europaschiffe (1350 t Tragfähigkeit)"

Alte Bundesländer

- ◎ Oberzentrum und Landeshauptstadt
- ⊙ Oberzentrum
- • mögliches Oberzentrum

Neue Bundesländer

- ◌ Entwicklungsregion
- ● Landeshauptstadt
- • größerer Ort innerhalb einer Entwicklungsregion
- ▪ größerer Ort außerhalb einer Entwicklungsregion

═══ befahrbar für Europa-Schiffe (1350 t Tragfähigkeit)
━ ━ Neu- bzw. Ausbau (1350 t Tragfähigkeit)

Karte 6: Bundeswasserstraßen für Europaschiffe (1350 t Tragfähigkeit)

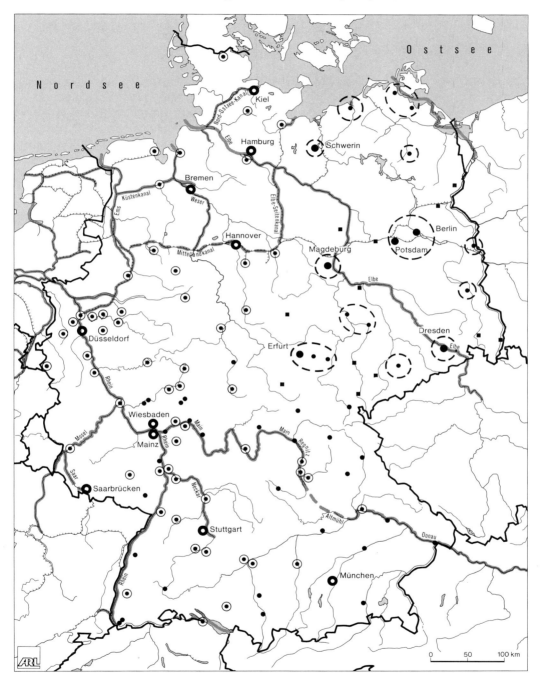

VI. Typische Ziel- und Entscheidungskonflikte der Raumplanung

1. Zum Leitbild der Zentren und Achsen

Nach § 1, Abs. 1 ROG soll die Raumplanung u. a. darauf hinwirken, daß ''gleichwertige Lebensbedingungen in allen Teilräumen'' geschaffen werden. Dieser Auftrag bezieht sich auf die wichtigsten Grundfunktionen des Daseins wie Wohnen, Arbeiten, Versorgen, Erholen, Bilden/Erziehen, Verkehr sowie Kommunikation und konkretisiert sich in den von den öffentlichen Körperschaften (Länder und Gemeinden) vorzuhaltenden Einrichtungen der Daseinsvorsorge: im wesentlichen der wirtschafts- und wohnungsnahen Infrastruktur, einer ausreichenden Verwaltung, Möglichkeiten der Einkommenserzielung sowie der Sicherung einer guten regionalen bzw. lokalen Umweltqualität (in Kurzform: Wohn-, Lohn-, Freizeit- und Umweltwert).

Vorstehend sind wiederholt die diskutierten Aufgaben als Forderung und Herausforderung der Raumplanung herausgestellt worden. Es betrifft vor allem Entscheidungen über strittige Raumansprüche und Konzepte für künftige Entscheidungen. Dabei ist die Siedlungsstruktur als ein wichtiger Gegenstand von Raumordnung, Landes- und Regional- sowie Stadtplanung sowohl als räumlich-physische Flächennutzung als auch als räumlich-funktionale Zuordnung von Nutzungen (Wohnen, Arbeiten, Versorgen etc.) zu sehen. Gliederungselemente der Siedlungsstruktur sind Siedlungselemente, die sich auf drei, in vielfältiger Form kombinierbare, Grundformen zurückführen lassen (vgl. Karte 7 "Strukturkarte zum Regionalplan - Zentren, Achsen, Räume, Zonen und Gebiete"):

- Zentrale Elemente wie Standorte öffentlicher Einrichtungen, zentrale Orte (Grund-, Mittel- oder Oberzentren),

- Lineare Elemente wie Bänder oder Achsen, Straßen- oder Eisenbahnlinien, d.h. Verkehrs- oder Siedlungsachsen,

- Flächige Elemente wie bestimmte Nutzungsflächen, z.B. für Wohnen, Industrie, Gewerbe, Sport und Erholung, Naturschutz bzw. Vorrangflächen/Vorranggebiete für die planerisch festgelegte vorrangige Nutzung, z.B. Erholung, Grundwassernutzung u.a. (vgl. Karte 8 "Verknüpfung von Kartenschichten").

Die Raumplanung verwirklicht ihre Ziele (interregionaler Ausgleich, Erhalt und Sicherung der Entwicklungs- und Lebensgrundlagen) und Aufgaben (querschnittsbezogene, d.h. fachübergreifende Koordinierung, Ordnungs- und Entwicklungsplanung) im wesentlichen mit dem Instrumentarium der zentralen Orte, der Achsen und der Vorranggebiete. Es ist deshalb notwendig, hierauf kurz einzugehen.[32]

Der Kern des Konzeptes der Zentren und Achsen (punkt-axiales Siedlungsmuster) liegt in der planerischen Konzeption einer optimalen Raumnutzung, die sich nach heutigem Wissen vor allem durch die Durchsetzung punkt- und bandförmiger Verdichtungen der Siedlungen bzw. der Linieninfrastruktur erreichen läßt.

Karte 7: Strukturkarte zum Regionalplan - Zentren, Achsen, Räume, Zonen und Gebiete

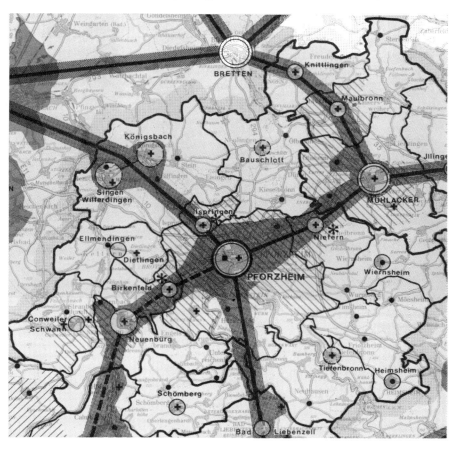

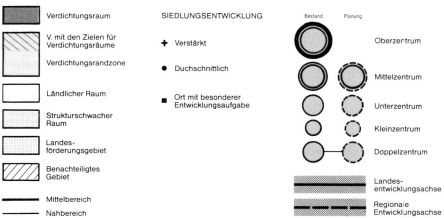

Quelle: H. Junius, 1.4 Analyse und Systematisierung von Planinhalten, Abb. 1, in: FuS 185, Aufgabe und Gestaltung von Planungskarten, Hannover 1991 (in Vorbereitung)

Karte 8: Verknüpfung von Kartenschichten

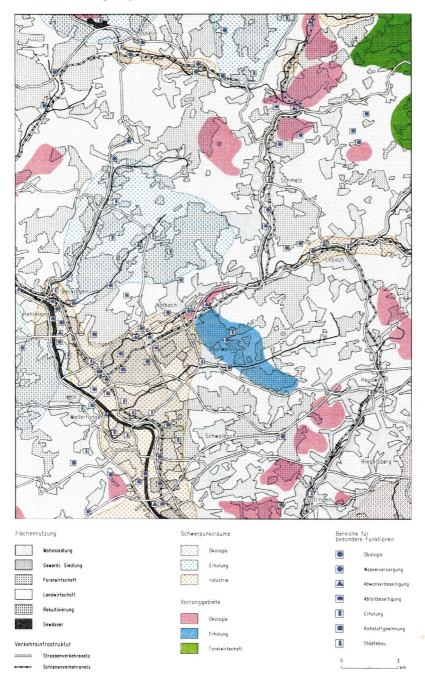

Quelle: H. Junius, 1.4 Analyse und Systematisierung von Planinhalten, Abb. 6, in: FuS 185, Aufgabe und Gestaltung von Planungskarten, Hannover 1991 (in Vorbereitung)

Die wesentlichen Instrumente sind dabei:

- Versorgungsschwerpunkte mit einer gewissen Zentralität für das Umland, ergänzt durch Wachstums- bzw. Entwicklungsfunktionen; zentrale Orte werden als ''Versorgungskerne'' verstanden. ''Sie sollen soziale, kulturelle und wirtschaftliche Einrichtungen besitzen, die über die eigenen Einwohner hinaus die Bevölkerung des Verflechtungs-/Einzugsbereiches versorgen. Jedes höhere Zentrum hat zugleich auch die Aufgaben der zentralen Orte niedriger Stufe''[33] (zu den zentralen Orten oberer Stufe vgl. Karte 9 "Orte mit zentraler Bedeutung in Deutschland"),

- Bündelung der Verkehrsinfrastruktur; großräumig konzipierte Verkehrs- bzw. Kommunikationsachsen zeigt das - allerdings im Detail zwischen den Ländern nicht abgestimmte - Achsensystem des Bundesraumordnungsprogramms 1975 (vgl. Karte 10 "Großräumig bedeutsame Achsen in Deutschland"). Aufgabe der ''großräumig bedeutsamen Achsen'' ist es:
  - Verdichtungsräume miteinander zu verbinden, periphere Räume in den großräumigen Leistungsaustausch einzubeziehen,
  - den von ihnen erschlossenen Gebieten Lagevorteile zu vermitteln sowie strukturelle Entwicklungsimpulse zu geben. Die von der Landesplanung hierzu erarbeiteten Pläne und ihre Verfeinerung in den Regionalplänen sind eine wichtige Fundgrube für standortsuchende Unternehmen, weil sie durch diese Unterlagen Auskünfte über die vorgesehene Ausbauqualität von Straßen und Schienen erhalten und sich daraus die ökonomische Entfernung zu Lieferanten und Abnehmern ableiten können.

- Sicherung von Freiräumen (z.B. durch die Ausweisung von Vorranggebieten); im (alten) Bundesraumordnungsprogramm werden 5 Freiraumfunktionen für die Ausweisung von Vorranggebieten unterschieden:
  - land- und forstwirtschaftliche Produktion,
  - Freizeit und Erholung,
  - langfristige Sicherstellung der Wasserversorgung,
  - besondere ökologische Ausgleichsfunktionen,
  - Gewinnung von Rohstoffen und Mineralvorkommen.

In den einzelnen Landesplanungsgesetzen der (alten) Bundesländer ist die jeweilige Regelung unterschiedlich; prinzipiell entspricht sie aber der hier skizzierten Funktionstrennung.

Die Landes- und Regionalplanung ist dringend aufgefordert, für investitionswillige Unternehmen durch die Bereitstellung derartiger Unterlagen Planungssicherheit zu schaffen.

Verkleinert man den Betrachtungsmaßstab für punkt-axiale Siedlungskonzepte (Konzept kleinräumiger Siedlungsachsen), befindet man sich auf der Ebene der Stadt- bzw. Regionalplanung.

Die Ziele, die auf dieser Ebene mit diesem Konzept verfolgt werden, lassen sich wie folgt zusammenfassen (allerdings nur dann erreichen, wenn die entsprechenden Beschlußgremien dem Ziel des Konzeptes und nicht ständigen Ausnahmen - was die Regel ist - folgen):

- Steuerung der Bebauungsentwicklung auf Siedlungsschwerpunkte der Achsen hin und damit Verhinderung einer ringförmigen Ausbreitung der Siedlungsflächen,

Karte 9: Orte mit zentraler Bedeutung in Deutschland

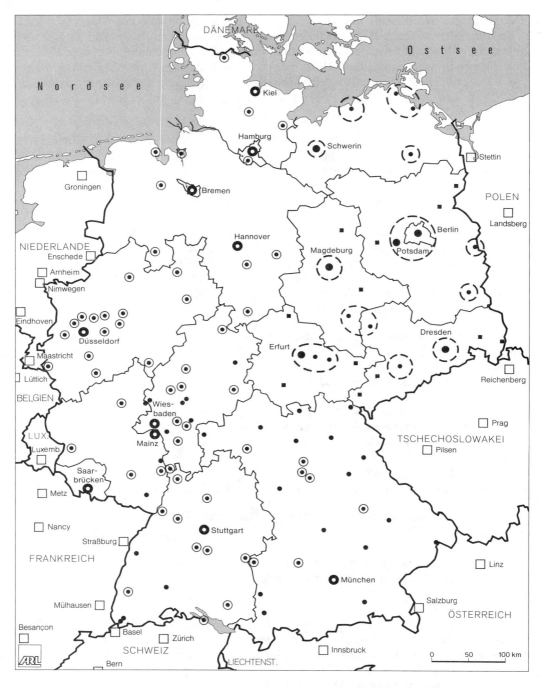

Quelle: BROP, 1975 (für alte Länder), nach "Raumordnerisches Konzept für den Aufbau in den neuen Ländern", Entwurf des Positionspapiers des BMBau vom 1.8.1991, S. 8 (für neue Länder)

- Schutz von Freiräumen (Achsenzwischenräumen) für landschaftsbezogene Nutzungen (Erholung, Frischluftschneisen, Biotopschutz),
- Verbesserung der Erreichbarkeitsverhältnisse und Verlagerung von Entwicklungsimpulsen an die Achsenendpunkte mit dem Ziel, dort Zentralität zu schaffen, die den Entwicklungsdruck auf das "Kernzentrum" mildert,
- Verbesserung der Wirtschaftlichkeit des öffentlichen Nahverkehrs durch größere Auslastung, schnellere Taktfolge und damit Anreiz zur Benutzung des öffentlichen Nahverkehrs (bei entsprechender Anlage von attraktiven P+R-Plätzen Entlastung des "Kernzentrums" von Individualverkehr).

Es sollte deutlich sein, daß es sich bei dem vorgestellten Ziel-Maßnahmen-Konzept um ein bewährtes Ordnungsmuster handelt, das jedoch - wie der Augenschein zeigt - aus den verschiedensten Gründen in keinem Verdichtungsraum prinzipienrein durchgehalten wurde. Unbeschadet dessen, ist es jedoch sowohl als Orientierungs- als auch als Gestaltungsmodell bisher von keiner anderen Konzeption qualitativ überrundet worden.

2. Verdichtungsräume

Da die regionalen Disproportionen innerhalb des Gebietes der ehemaligen DDR erheblich größer sind als in Westdeutschland und durch den industriellen und landwirtschaftlichen Strukturwandel eher noch verstärkt werden, würde es naheliegen, die besonders benachteiligten Gebiete in den neuen Bundesländern (gemessen in %-Zahlen der Arbeitslosen) im Rahmen der regionalen Wirtschaftspolitik ganz besonders zu fördern.

Für die regionale wie die sektorale Wirtschaftspolitik sind jedoch nur begrenzte Wirtschaftsförderungsmittel verfügbar. Es gilt deshalb, die (begrenzten) Mittel dort zu konzentrieren, wo sie den - auf die Bevölkerung als Ganzes bezogen - größten Nutzen stiften. Das ist zweifelsfrei in den

---

Legende zu Karte 9 "Orte mit zentraler Bedeutung in Deutschland"

Alte Bundesländer		Neue Bundesländer	
○	Oberzentrum und Landeshauptstadt	◌	Entwicklungsregion
⊙	Oberzentrum	●	Landeshauptstadt
•	mögliches Oberzentrum	•	größerer Ort innerhalb einer Entwicklungsregion
		▪	größerer Ort außerhalb einer Entwicklungsregion

☐	Hauptstadt bzw. Stadt über 100 000 Einw. außerhalb Deutschlands

Karte 10: Großräumig bedeutsame Achsen in Deutschland

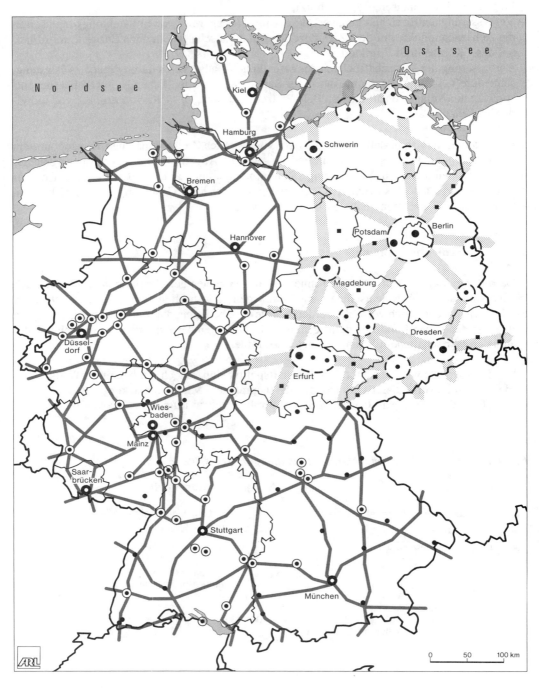

Quelle: BROP, 1975 (für alte Länder), nach "Raumordnerisches Konzept für den Aufbau in den neuen Ländern", Entwurf des Positionspapiers des BMBau vom 1.8.1991, S. 8 (für neue Länder)

alten Industrie- bzw. Verdichtungsgebieten der Fall, wo nicht unbedingt in %-Zahlen, auf jeden Fall aber in absoluten Zahlen die quantitativ umfangreichsten Umschulungs- und Qualifizierungsmaßnahmen durchgeführt werden müssen, um die Arbeitslosen für Tätigkeiten in modernisierten Betrieben zu befähigen.[34]

Nicht nur, aber vor allem in den alten Industrie- und Verdichtungsgebieten der DDR ist als Folge einer abrupten wirtschaftlichen Entwertung der überkommenen Produktionsanlagen schon jetzt und verstärkt nach Auslaufen der Kurzarbeiterregelungen ein gewaltiger Arbeitsplatzabbau, d.h. Arbeitslosigkeit zu erwarten. Da begründet angenommen werden muß, daß die Möglichkeit gering ist, mit Hilfe von Investitionen diese Arbeitslosigkeit in dem Maß abzubauen, wie die Freisetzungen erfolgen - auch wegen der noch bestehenden sonstigen Schwierigkeiten (Eigentumsfrage, Überforderung der Treuhand [die unvereinbare Ziele gleichzeitig erreichen soll, wie Privatisierung, Sanierung und Erlösmaximierung] und Verwaltungsdefizite, wie z.B.unzureichende Planungssicherheit u.ä. -, bestehen gravierende Zeitprobleme. Selbst bei einer (sehr hohen) realen Wachstumsrate von jährlich 8% kann nicht gewährleistet werden, daß innerhalb der nächsten fünf Jahre die überdurchschnittlich hohe Arbeitslosigkeit in den neuen Bundesländern abgebaut werden kann.

Dabei ist zu berücksichtigen, daß der Umfang von Investitionen für neue Arbeitsplätze auch eine Funktion des raumplanerischen Engagements ist, schnell Planungssicherheit zu schaffen und Baugenehmigungen zu erteilen. Ferner ist zu berücksichtigen, daß die Erhaltung der wirtschaftlichen Leistungskraft in der Bundesrepublik insgesamt erfordert, die Verdichtungsräume - als Zentren der nationalen Wertschöpfung - mit den geeigneten Maßnahmen gezielt auf die europäische (Binnenmarkt!) und die weltweite Konkurrenz zu rüsten, (was wiederum Planungssicherheit und Baugenehmigungen voraussetzt.)

Das bedeutet in regionaler Hinsicht: Bevor dem Ziel ''Herstellung gleichwertiger Lebensbedingungen'' flächendeckend für die fünf ostdeutschen Länder Vorrang eingeräumt werden kann, sich auf diejenigen Regionen zu konzentrieren, die das größte Beschäftigten- und damit zugleich Entwicklungspotential haben: das sind die Industrie- bzw. die Verdichtungsgebiete.

Legende zu Karte 10 "Großräumig bedeutsame Achsen in Deutschland"

Alte Bundesländer

- ◉ Oberzentrum und Landeshauptstadt
- ⊙ Oberzentrum
- • mögliches Oberzentrum
- ━━ großräumig bedeutsame Achse

Neue Bundesländer

- ◌ Entwicklungsregion
- ● Landeshauptstadt
- • größerer Ort innerhalb einer Entwicklungsregion
- ▪ größerer Ort außerhalb einer Entwicklungsregion
- ░ großräumig bedeutsame Entwicklungsachse

Raumplanung und Fachplanung haben deshalb in diesen Räumen besonders schnell und besonders konzentriert zu arbeiten, um große Abwanderungsströme zu vermeiden und um die positiv einzuschätzenden Standorttatbestände, wie verfügbares Arbeitskräftepotential mit insgesamt gutem Fähigkeitspotential oder partielle Lagegunst, zu verstärken, indem nachhaltige Bemühungen angestellt werden:

- die entwicklungshemmenden Defizite der wirtschaftsnahen Infrastruktur zu beseitigen,
- die Einbindung in das gesamtdeutsche und europäische Verkehrswegesystem zu verbessern und erkennbare Kapazitätsgrenzen auszuweiten,[35]
- die Ausstattung mit unternehmens- und haushaltsorientierten Dienstleistungen zu verbessern und an das Niveau westdeutscher Mittel- und Oberzentren anzugleichen,
- die Urbanitätsdefizite und Mängel im äußeren Erscheinungsbild zu beseitigen,
- die Umweltqualität erheblich zu verbessern.[36]

Aus wachstums- und regionalpolitischer Sicht müssen mithin zunächst in den alten Industrie- und Verdichtungsgebieten die allergrößten infrastrukturellen und ökologischen Engpässe beseitigt und damit zugleich die Wirtschaft direkt gefördert werden.

Gleichzeitig sollten - entsprechend dem einleitend dargelegten Grundmuster der punkt-axialen Entwicklung - ausgehend von denjenigen Oberzentren, die aufgrund ihrer Lage, ihrer Größe, ihrer Industriedichte und ihrer Vielseitigkeit das größte Entwicklungspotential aufweisen, abgestuft über Mittel- und Grundzentren, Verflechtungsbereiche entwickelt werden, von denen - entlang der zu bestimmenden Entwicklungsachsen - Impulse zur wirtschaftlichen Entwicklung in die weniger begünstigten Räume ausgehen (vom RWI liegt ein Vorschlag vor, das Gebiet der neuen Bundesländer in 40 Arbeitsmarktregionen zu gliedern).

Im Rahmen der vielfach neu zu erarbeitenden Bauleitplanung kann es zweckmäßig sein, die folgenden Gesichtspunkte zu würdigen. Bei der Ausweisung von Flächen, die zur Ansiedlung von industriellen und Dienstleistungsbetrieben geeignet sind, sollte u.a. auch der Schutz der Menschen vor Umweltbelastungen einerseits und eine Verminderung des Verkehrsaufkommens andererseits als Nebenbedingung beachtet werden. Dabei wird zu überlegen sein, ob das vielfach praktizierte Prinzip der strikten städtebaulichen Trennung von Wohnen und Arbeiten auch in Zukunft beibehalten werden sollte. Eine solche Trennung ist im Interesse der Menschen nur dann notwendig, wenn die Arbeitsstätten Abgase, Staub und Lärm emittieren; sonst aber nicht!

Stehen sanierte Industrie- und Gewerbeflächen nicht zur Verfügung, sollten neue Industriegebiete dort ausgewiesen und angelegt werden, wo sie die Lebensqualität der Menschen nicht beeinträchtigen und Aufbereitungsanlagen für Industrieabwässer vorhanden sind oder errichtet werden können. Sie sollten an den öffentlichen Nahverkehr so angebunden werden können, daß gute Verbindungen zum nächstgelegenen städtischen Zentrum möglich sind. Außerdem sollten sie gut an das Fernverkehrsnetz, insbesondere an die Eisenbahn angeschlossen werden können.

Für Kleinindustrie und Handwerk ist es zweckmäßig, gesondert kleine, aber erweiterungsfähige Industrieparks vorzubereiten, die ansiedlungswilligen Betrieben und Gewerben erschlossene Grundstücke oder Mehrzweckgebäude anbieten. Diese "Parks" sind um so attraktiver, je mehr sie über von allen Betrieben gemeinsam zu nutzende Einrichtungen, wie elektronische Datenverarbeitung, Buchungsservice, Telex, Telephonzentrale, Fernheizung, Wasser- und Abwasseraufbereitung usw., verfügen.

Dienstleistungen einschließlich der privaten und öffentlichen Verwaltung stören die Wohnbevölkerung selten. Andererseits verursacht die Konzentration von Dienstleistungsbetrieben und Verwaltungen im Stadtkern ganz erhebliche Verkehrsströme. Sie ließen sich vermindern, wenn Dienstleistungsbetriebe und Verwaltungsgebäude planmäßig mit Wohnstätten gemischt würden. Außerdem hat die einseitige Konzentration von Gebäuden nur für öffentliche und private Verwaltungen, Versicherungen, Großbanken und Warenhäuser die unerwünschte Verödung der Innenstadt nach Feierabend und an Sonn- und Feiertagen zur Folge. Die vorhandenen Infrastruktureinrichtungen werden während dieser "Leerzeiten" nicht genutzt.

Es wäre sehr wohl denkbar, den Verwaltungen, Banken, Versicherungen etc., die sich im Stadtkern ansiedeln wollen, im Rahmen der neu zu erstellenden Bauleitplanung zur Auflage zu machen, daß z.B. ein Teil der Nutzfläche der neuen Gebäude dem Wohnen vorbehalten sein und daß außerdem das Erdgeschoß von Einrichtungen mit ständigem Publikumsverkehr genutzt werden muß. Hier könnten kleinere Selbstbedienungsgeschäfte, Restaurants und Läden ihren Platz finden.

So ließe sich erreichen, daß der Stadtkern nach Geschäftsschluß und an Sonn- und Feiertagen nicht fast ausgestorben erscheint. Außerdem gäbe es für die Berufstätigen dieser Betriebe, zumindest langfristig, die Möglichkeit, in der Nähe ihrer Arbeitsstätte zu wohnen und so auf öffentliche Verkehrsmittel und Auto für den Weg zur Arbeit zu verzichten. Die großen Leerflächen in manchen Städten Ostdeutschlands bieten sich für solche Lösungen an.

Gleichzeitig ist darauf zu achten, daß die neu zu genehmigenden Großverkaufsflächen am Stadtrand in einer vertretbaren Relation zu den Verkaufsflächen in der Innenstadt und der lokalen und regionalen Kaufkraft stehen. Die großen Supermarktunternehmen haben ohnedies die Tendenz, sich außerhalb der Städte niederzulassen, weil dort große Flächen für Verkauf und Parken schnell zu beschaffen und zu erschließen sind. Hier ist in jeder Hinsicht Vorsicht geboten, weil sich völlig neue Verkehrsbedürfnisse entwickeln, die von den Städten auf die Dauer sehr schwer und sicher nicht umweltfreundlich zu befriedigen sein werden.

Umgekehrt ist auch zu fragen, ob zentrale Verwaltungen der öffentlichen Hand und der Wirtschaft unbedingt im Stadtkern angesiedelt werden müssen. Die angeblichen Fühlungsvorteile kommen infolge der immer schwieriger werdenden Verkehrsverhältnisse nicht mehr zum tragen, und das Publikum, das diese Verwaltungen nur sehr selten aufsucht, ist an günstigen Verkehrsverhältnissen eher interessiert als an einer zentralen Lage. Sie ist heute keineswegs mehr mit guter Erreichbarkeit identisch. Aus diesen Gründen zeichnet sich mancherorts bereits eine Tendenz ab, große Verwaltungen an den Stadtrand bzw. in Stadtteilzentren zu legen (Polyzentrische Stadtentwicklung). Dann muß aber auch wieder an eine gute Mischung zwischen Wohnen, Arbeiten und Erholen und an eine möglichst optimale Anbindung an den öffentlichen Nahverkehr gedacht werden.

Das Ruhrgebiet, Berlin und Hamburg sind gute Beispiele für Verdichtungsräume, die über eine gewachsene polyzentrische Struktur verfügen. München und Stuttgart mögen als Beispiele für im wesentlichen monozentrische Stadtentwicklungen stehen.

Monozentrische Stadtentwicklungen führen in aller Regel auch zu Monostrukturen, d.h. von den menschlichen Daseinsfunktionen: Wohnen, Arbeiten, Verkehren, Bilden und Erholen überwiegt in der Regel grosso modo nur noch die Funktion Arbeiten.

In modernen Großstädten handelt es sich dabei um überwiegend tertiäre Arbeitsplätze, die wegen ihrer Bereitschaft/Fähigkeit, hohe Mieten zu bezahlen, besonders das Wohnen, aber auch ökonomisch schwächere, für die Gestaltvielfalt aber essentielle Betriebe verdrängen. Deshalb ist über die Bauleitplanung zu versuchen, Mischnutzungen festzusetzen.

Der innerstädtische, ökonomisch induzierte Verdrängungswettbewerb führt zu der bereits erwähnten innerstädtischen Verödung, die dadurch sichtbar wird, daß in den Innenstädten solcher Städte nur noch die "Hausmeister und ihre Katzen" wohnen. Diese aus der Londoner City stammende Bemerkung stellt diese Situation pointierend dar, übertreibt sie aber nicht.

Auf der Gegenseite führt eine derartige Zentralität (mit entsprechenden Bodenpreisen und Mieten) in den äußeren Stadtbereichen dazu, daß kaum qualifizierte Arbeitsplätze und Einrichtungen des tertiären Sektors geschaffen werden, obwohl hier vielfach ausgedehnte neue Siedlungen entstanden und die Bodenpreise niedriger sind.

Einer funktionalen Überlastung des Stadtkerns, deren Einseitigkeit die traditionelle Struktur und vielfach auch das traditionelle Gestaltbild zerstört bzw. gefährdet, stehen in den Außenbereichen häufig nicht minder ausgeprägte funktionale Überlastungen im Hinblick auf die Wohnnutzung bzw. Arbeitsplätze des sekundären Sektors, in der Regel jedenfalls nicht die planerisch gewünschte Nutzungsvielfalt gegenüber.

Einer derartigen Entwicklung ist behutsam und mit Augenmaß durch die Entwicklung von Stadtteil-, Quartier- und Nahbereichszentren im äußeren Stadtbereich und im Umland zu begegnen. Das setzt einerseits den Willen des zuständigen parlamentarischen Gremiums der Gemeinde (Gemeinde-/Stadtrat) voraus, den Zuwachs an tertiären Arbeitsplätzen und zentralen Funktionen in den inneren Stadtbereichen via Bauleitplanung zu bremsen und andererseits die Bereitschaft, eine angemessene Zahl von Stadtteil-, Nahbereichs- und Quartierzentren zu fördern.

Besondere Bedeutung kommt dabei den Stadtteilzentren zu, die mit umfassenden Mittelpunktfunktionen für Stadtbereiche zwischen 60.000 bis ca. 150.000 Einwohnern zu entwickeln sind. Dabei ist darauf zu achten, daß sie sich gegeneinander und gegenüber dem Außenraum durch entsprechende Trennbereiche (Grünanlagen/Freiräume etc.) klar gliedern bzw. absetzen und - entsprechend den Zielen der Stadtgestalt - als solche identifizierbar sind.

Damit ist es in der Regel bei einer entsprechend langfristig angelegten Stadtentwicklungspolitik über die räumliche Zuordnung der "Zuwächse" möglich:

- die Versorgungssituation in den äußeren Stadtbereichen durch Versorgungseinrichtungen für tägliche und periodische Güter und Dienste zu verbessern,
- stadtteilbezogene Dienstleistungseinrichtungen der öffentlichen Hand und stadtteilbezogene gesellschaftliche, politische, kirchliche und kulturelle Institutionen näher an den Bürger heranzubringen,
- durch die Schaffung von derartigen Mittelpunkten und eine entsprechende Architekturqualität in den meist amorphen äußeren Stadtbereichen die lokale Orientierung und emotionale Bindung zu verbessern,
- den inneren Stadtbereich durch das Angebot von Standort- und damit zugleich Investitionsal-

ternativen via Ausweisung geeigneter Flächen in sinnvoller räumlicher Zuordnung zu entsprechenden Arbeitsstätten zu entlasten,
- den interregionalen und intraregionalen/innerstädtischen Verkehr sinnvoll durch Schaffung von Verkehrsknoten- und Umsteigepunkten von den schienengebundenen Schnellverkehrsmitteln in stadtteilerschließende (Bus-)Linien zu ordnen.

3. Randzonen der Verdichtungsräume

Die für die Stadtentwicklung und Stadtplanung Verantwortlichen wissen, daß "Wohnen" flächenverbrauchend und nicht umweltneutral ist und es nicht nur Industrie und Gewerbe, sondern auch die privaten Haushalte sind, die durch ihre Verbrauchszuwächse (Energie, Wasser, Abwasserbeseitigung sowie durch ihre Transportnachfrage) ganz erheblich zur Zersiedelung der Landschaft (urban sprawl) beitragen.

Urban Sprawl, Siedlungsbrei, unstrukturierte Ballungsrandzonen, zersiedeltes Stadtumland, Heimat der grünen Witwen u.ä. werden in der Regel die Gebiete am Rande der Verdichtungszonen genannt, die nicht mehr Stadt und noch nicht Land sind.

Insbesondere das rasche Wachstum der Arbeitsstätten in den Verdichtungsräumen der alten Bundesländer hat dazu geführt, daß vor allem Familien mit Kindern ins "Umland" des jeweiligen Verdichtungsraumes gezogen sind.

Häufig angefüllt mit Wohnanlagen, die durch Flächenerwerb vorbereitet wurden von Leuten, die eine "richtige Nase" hatten und Bauerwartungsland kauften, als noch niemand daran dachte, daß sich "die Stadt" in dieser Richtung eines Tages erweitern könnte, wurden Verwaltungsgrenzen übersprungen und die natürliche Grenze zwischen Stadt und Umland verwischt.

In der Regel führt das zur Auflösung der örtlichen Strukturen, zu übermäßigen Pendlerströmen, Verkehrsbelastungen, Zerstörung von stadtnahen Erholungsflächen und erhaltenswerten Landschaftsbereichen sowie zu einem zusätzlichen Infrastrukturbedarf, der in der Regel im Hinblick auf seine Kosten und den Flächenbedarf unterschätzt wird.

Während die "normale" Stadtentwicklung anstrebt, Wohnraumentwicklung, wohnungsnahe Infrastruktur sowie Grün- und Erholungsflächenangebot möglichst gleichzeitig zu realisieren, ist in den Randzonen der Verdichtungsräume das unbefriedigende Nacheinander die Regel. Zunächst werden Wohnungen gebaut, dann merkt man, daß die Kindergarten- und die Schulplätze nicht mehr reichen, dann sind die Straßenquerschnitte zu schmal und das Angebot an öffentlichem Verkehr zu gering. Durch das zeitraubende Pendeln zum innerstädtischen Arbeitsplatz werden die Arbeitstage länger, als man ursprünglich dachte. Aber entsprechende Arbeitsplätze gibt es in der Regel weder in der nötigen Zahl noch mit dem gewünschten Qualifikationsprofil. Bis auf die Arbeitsplätze werden in der Regel alle Engpässe im Laufe der Zeit - je nach den gemeindlichen Finanzierungsmöglichkeiten - beseitigt, aber selbst dann, wenn diese Engpässe beseitigt sind, entsteht zwar der Eindruck der Verstädterung durch das Zusammenwachsen von ursprünglich isolierten Siedlungsbereichen, aber nur ganz selten im Hinblick auf Wohnqualität und Erlebniswert eine städtebaulich befriedigende Lösung; häufig bleibt für die Randzonen der Verdichtungsräume der Eindruck des "Angeschusterten" bestimmend.

Diese international zu beobachtende Entwicklung ist nicht nachahmenswert. Anzustreben ist statt dessen ein ausgewogeneres Verhältnis von Bevölkerung, Arbeitsstätten und Einrichtungen der infrastrukturellen Versorgung bei akzeptablen Entfernungen in einem hierarchisch zu denkenden System von Zentren.

Angesichts der weitgehend unerfreulichen Situation in den Randzonen der Verdichtungsräume kann nur an die Planer in den neuen Bundesländern appelliert werden, die Fehler in den alten Bundesländern nicht zu wiederholen. Inwieweit das gelingt oder nicht gelingt, hängt vielfach auch von anderen, häufig mächtigeren Interessengruppierungen ab, als sie die Raumplaner mobilisieren können.

Instrumentell bieten sich - in Kurzform formuliert - folgende Arbeitsschritte an:

- Bildung eines Regionalen Planungsverbandes, in dem die Kernstädte (oder die dominierende Stadt) des Verdichtungsraumes gemeinsam mit den Umlandgemeinden des Verdichtungsraumes über alle entscheidenden Fragen der regionalen und der kommunalen (Bauleit-)Planung mit dem Ziel miteinander reden, gemeinsame räumliche Entwicklungsvorstellungen zu erarbeiten, einen gemeinsamen Regionalplan oder gar einen gemeinsamen Flächennutzungsplan aufzustellen. Diese Pläne sollen vor allem dazu dienen, die jeweiligen zu ihrer Umsetzung erforderlichen Einzelplanungen aufeinander abzustimmen. Eine derartige räumliche Entwicklungsvorstellung könnte sich z.B. auf ein abgestuftes, deutlich voneinander abgetrenntes System von Orten unterschiedlicher Zentralität konzentrieren, die sowohl innerhalb des Verdichtungsraumes als auch außerhalb des Verdichtungsraumes, d. h. also in der Randzone des Verdichtungsraumes durch Freiflächen (oder Barrieren) getrennt sind und ein möglichst ausgewogenes Verhältnis zwischen den drei wichtigsten entwicklungspolitischen Komponenten: Bevölkerung, Arbeitsstätten und Einrichtungen der infrastrukturellen Versorgung gewährleisten.

- Verzicht der Weiterentwicklung von Stadtteilzentren (im Verdichtungsraum) zu Regionalzentren; statt dessen Stärkung der zentralen Bedeutung der Gemeinden im Umland des Verdichtungsraumes mit dem Ziel, eine höhere Zentralitätsstufe zu erreichen und dadurch die Nachfrage nach Arbeitsplätzen, Konsumgütern und Dienstleistungen mehr auf sich auszurichten. Die damit langfristig verbundene wirtschaftliche Stärkung wird mit einer Steigerung der Attraktivität für Wohnen und Arbeiten verbunden sein, so daß sowohl die Pendlerströme verringert werden können als auch - bei einer entsprechenden Bauleitplanung - das Zusammenwachsen zu einer unstrukturierten, wegen der fehlenden Grünzüge bzw. Grünschneisen (Barrieren) nur unzureichend gegliederten Siedlungsfläche verhindert werden kann.

- Aufbau eines leistungsfähigen Verkehrsverbundes, der die Fahrten in den Verdichtungsraum tendenziell verteuert und Fahrten im Bereich der Mittelzentren im Umland tendenziell verbilligt.

- Die aus der räumlichen Trennung von Wohn-, Arbeits- und Versorgungsstandort resultierenden Probleme wirken sich auch nachteilig auf die Verwaltung aus. Die Grenzen des Lebensraumes und die Verwaltungsgrenzen klaffen auseinander. Besonders im Umland von Verdichtungsräumen lassen sich oft Hunderttausende von Bürgern nicht mehr einer einzelnen Gemeinde, sondern nur noch der Region als solcher zuordnen, weil sie in der einen Gemeinde wohnen, in der anderen Gemeinde arbeiten und ihre Kinder häufig in einer dritten Gemeinde die Schule besuchen. Nicht selten gehören die jeweils in Frage kommenden Gemeinden auch noch unterschiedlichen Landkreisen an. Dieser sich ständig verschärfenden Entwicklung steht in der Regel eine Verwaltung gegenüber, die in einem tiefgreifenden Wandel von der Eingriffsverwaltung zur Leistungs- bzw. Vorsorgeverwaltung begriffen ist und ihre Aufgaben in Grenzen zu leisten hat, die mit den sozio-ökonomischen Lebensräumen nicht zur Deckung gebracht werden können.

Dieses Dilemma kann nur durch eine intensive, partnerschaftliche und aufgeschlossene interkommunale Zusammenarbeit auf der Planungs- und Vollzugsebene mit Aussicht auf Erfolg gelöst werden.

4. Ländliche Räume

4.1 Rückzug der Landwirtschaft - Verminderung der Tragfähigkeit

Seit langem geht in der westdeutschen Landwirtschaft die Zahl der landwirtschaftlichen Betriebe (1,4 Mio. im Jahre 1960, 0,65 Mio. im Jahre 1989, davon jedoch nur 0,3 Mio. Vollerwerbsbetriebe) und auch der landwirtschaftlichen Arbeitskräfte (2,4 Mio. im Jahre 1960, 0,8 Mio. im Jahre 1989) stetig zurück. Das hat bislang nicht zu einer als dramatisch empfundenen Landflucht geführt, wie etwa im französischen Zentralmassiv oder im schottischen Hochland, wo ganze Dörfer ohne Einwohner sind.

Die meisten Menschen, die in der Landwirtschaft nicht mehr vonnöten waren, fanden in Westdeutschland ebenso wie in Holland, Belgien oder Norditalien Arbeitsplätze im - dank der Industrieansiedlung - wachsenden sekundären oder tertiären Sektor in den ländlichen Räumen oder behielten dort nur ihren Wohnsitz und pendelten zu ihrem Arbeitsplatz. Gleichzeitig stiegen die Erträge und Einkommen der Landwirtschaft, und zwar sowohl je Hektar als auch je Kopf, erheblich an. Deswegen verringerte sich die wirtschaftliche Tragfähigkeit der ländlichen Räume Westdeutschlands nur wenig.

Die vorstehend nur skizzierte Entwicklung ist seit mehr als 100 Jahren zu beobachten und auf den ständigen technischen Fortschritt in der Landwirtschaft zurückzuführen. Aufgrund besserer Sorten, vermehrten Einsatzes von Mineraldüngern und Pflanzenschutzmitteln, leistungsfähigerer Tiere und besserer Fütterung stiegen die Erträge je Hektar und je Tier vor dem ersten Krieg um etwa 0,5 % je Jahr, zwischen den beiden Kriegen um 1 - 1,5 % je Jahr und seit dem Ende des letzten Krieges um 2,5 % - 3 % je Jahr. Gleichzeitig stieg durch vermehrten Einsatz von Maschinen die Arbeitsproduktivität an, so daß weniger Menschen erheblich mehr produzieren konnten. Die Ausnutzung des technischen Fortschrittes durch die Landwirtschaft wurde durch ein in der EG weit über dem Weltmarkt liegendes Preisniveau noch erheblich gefördert.

Diese Entwicklung war solange willkommen, wie die Umwelt nicht geschädigt wurde und Nahrungsmittel in nennenswertem Umfange importiert wurden. Aber seit mehr als zehn Jahren ist beides nicht mehr der Fall. In der gesamten EG produziert die Landwirtschaft bei weitem mehr, als die Europäer essen können. Der Selbstversorgungsgrad der EG liegt auch nach Abzug der in Form von Futtermitteln importierten landwirtschaftlichen Nutzfläche (nach Thiede mehr als 10 Mio. ha) bei über 110 %, d.h. landwirtschaftliche Erzeugnisse aller Art, aber insbesondere Getreide, Zucker, Milchprodukte und Rindfleisch müssen mit sehr hohen Kosten, die die Steuerzahler aufbringen, exportiert werden. Weltwirtschaftlich ist es aber nicht zu verantworten,

Nahrungsmittelexporte in Entwicklungsländer zu subventionieren, die ihre eigene Landwirtschaft mit Mühe aufbauen. Durch die Billigimporte werden ihre Agrarmärkte so gestört, daß die dortigen Bauern auf dem Inlandsmarkt ihre Kosten nicht decken können und dadurch gehindert werden, den technischen Fortschritt zu nutzen.

Die europäische Agrarpolitik ist daher gezwungen, Produktion und Verbrauch einander anzupassen, da einerseits die finanziellen Mittel zur Subventionierung der Agrarexporte nicht mehr aufgebracht werden können und andererseits die Entwicklungsländer und die eigentlichen (natürlichen) Agrarexportländer im Rahmen der Uruguay-Runde des GATT auf einen nennenswerten Abbau der europäischen Agrarstützung drängen. Die EG und insbesondere die deutsche Agrarpolitik werden diesen Forderungen nachgeben müssen, da die EG und vor allem Deutschland im wesentlichen Industrieländer sind, deren Wohlstand sich auf den Export von Industrieerzeugnissen gründet. Die Gemeinschaft muß daher ihren Welthandelspartnern die Möglichkeit einräumen, ihre Agrarerzeugnisse im EG-Raum abzusetzen, d.h. durch Preissenkungen, Kontingentierung der Produktion und durch Stillegung von Landwirtschaftsfläche die Agrarproduktion auf ein (welt)wirtschafts- und umweltverträgliches Maß zurückzuführen. (Einzelheiten finden sich in den FuS Nr. 177 der ARL "Räumliche Auswirkungen neuerer agrarwirtschaftlicher Entwicklungen")

4.2 Künftige Aufgaben der Landwirtschaft und künftige Agrarstruktur

Im Interesse des Gemeinwohls und mit Hilfe einer gewissen, staatlichen Förderung wird die Landwirtschaft in Zukunft - umweltverträglich - zu produzieren haben:

- gesunde Nahrungsgüter in Mengen, die unter und nicht über dem Selbstversorgungsgrad der EG liegen,
- nachwachsende Rohstoffe, soweit dafür Märkte vorhanden sind oder durch Subventionierung geschaffen werden können, und
- Umweltgüter.

Umweltverträgliche Landwirtschaft zeichnet sich durch vielseitige Fruchtfolgen, Schlaggrößen von etwa 10 ha bis 20 ha, dem Bedarf angemessenen Einsatz von Mineraldüngern, Wirtschaftsdüngern und Pflanzenschutzmitteln sowie eine geschickte Kombination von Viehhaltung und pflanzlicher Produktion aus, die es erlaubt, den Kraftfuttereinsatz gering zu halten.

Um die Erzeugung auf ein unter dem Selbstversorgungsgrad liegendes Niveau zu bringen, gibt es offensichtlich nur vier, für die betroffenen Landwirte sehr schmerzhafte Instrumente:

- Preissenkung,
- Verteuerung von Betriebsmitteln,
- Kontingentierung der Produktion durch ein Quotensystem,
- Stillegung landwirtschaftlicher Nutzflächen.

Außer der Verteuerung von Betriebsmitteln werden alle Maßnahmen im Rahmen der EG-Agrarpolitik angewandt. Ihnen allen ist gemein, daß sie die Einkommen der landwirtschaftlichen Betriebe und damit die Zahl der in der Landwirtschaft Beschäftigten und die der landwirtschaftlichen Betriebe weiter senken werden. Für die Raumplanung bedeutet das, daß die landwirtschaftliche Tragfähigkeit sinken wird, wenn nicht anderweitig dafür ein Ausgleich geschaffen wird.

Mit der Erzeugung nachwachsender Rohstoffe würde die Landwirtschaft wieder auf den Märkten Fuß fassen, von denen sie im Laufe der letzten 40 Jahre die petrochemische und die pharmazeutische Industrie aufgrund des billigen Erdöls verdrängt haben. Bei erheblich steigenden Energiepreisen könnte die Landwirtschaft wieder alle benötigten Fasern, insbesondere Lein und Hanf in Deutschland, Baumwolle und Sisal in wärmeren Ländern sowie Heilkräuter, Aromastoffe, Färbepflanzen usw. produzieren und damit ihre Fruchtfolgen anreichern. Diese Kulturen sind arbeitsintensiv und könnten bei auskömmlichen Preisen relativ viele Menschen beschäftigen. Auch die Schafhaltung zur Erzeugung von Wolle ist umweltfreundlich, arbeitsintensiv und wäre wieder konkurrenzfähig, wenn die synthetischen und Kunstfasern entsprechend teurer würden.

Daneben könnte die Landwirtschaft selbst Treibstoffe entweder direkt in Form von Rapsöl für Dieselmotoren oder indirekt über Bio-Alkohol für Verbrennungsmotoren produzieren. In Frage kommen sämtliche stärkehaltigen Pflanzen, wie Zuckerrüben, Kartoffeln, Getreide einschließlich Mais und das neu entdeckte Chinaschilf (Miscanthus sinensis), das auch direkt verbrannt oder auch zur Gewinnung von Zellstoff genutzt werden kann. Rapsöl und Bio-Alkohol wären durchaus konkurrenzfähig, wenn sie im Gegensatz zu den Erdölderivaten steuerfrei an den Endverbraucher abgegeben würden.

Allerdings darf nicht verschwiegen werden, daß der Anbau von nachwachsenden Rohstoffen für die Energiegewinnung ökologisch nicht unbedenklich ist. Sie verführen leicht zu überreichlichem Einsatz von Mineraldüngern, sehr großen Maschinen und damit zu unerwünscht großen Schlägen. Nur dann, wenn nachwachsende Rohstoffe im Rahmen vielseitiger Betriebe zusammen mit Nahrungsgütern in derselben Fruchtfolge angebaut werden, könnten diese Bedenken aus dem Wege geräumt werden. Es wäre jedoch ein Irrtum zu glauben, daß dann, wenn nachwachsende Rohstoffe in größerem Umfange angebaut würden, keine Flächen mehr stillgelegt werden müßten. Der Bedarf auch unter sehr günstigen Annahmen liegt bei etwa 400 000 bis 600 000 ha für die gesamte Bundesrepublik, während wohl 3 bis 5 Mio. ha in den nächsten Jahren stillgelegt werden müßten.

Umweltgüter, wie etwa gesundes Grundwasser in ohne Jauche, Gülle und Mineraldünger bewirtschafteten Wasserschutzgebieten, Erholungslandschaften, naturnahe Waldgesellschaften, wie etwa Eichen-/Hainbuchenwälder, extensives Grünland, Biotope oder Bioreservate können sowohl von einer ausgesprochen extensiven Landwirtschaft als auch von einer weniger auf Ertrag ausgerichteten Forstwirtschaft auf den umzuwidmenden Flächen bereitgestellt werden. (siehe auch Abschnitt VI. 4.5)

Allerdings benötigen sowohl die extensive Landwirtschaft und Viehhaltung (Ammenkühe, Hochlandrinder, Damtiere, Wildschweine etc.) als auch die Forstwirtschaft, besonders wenn sie nicht auf Ertrag ausgerichtet ist, im Vergleich zur üblichen Landwirtschaft sehr wenige Arbeitskräfte. Das Einkommen je Hektar ist sehr niedrig und damit auch die landwirtschaftliche Tragfähigkeit. Die Produktion von Umweltgütern löst also nicht die wirtschaftlichen Probleme, die durch den Rückgang von Agrarpreisen und Landwirtschaftsfläche in den ländlichen Räumen entstehen.

Die zukünftige Agrarstruktur sollte nicht ausschließlich vom Leitbild des kleinen "bäuerlichen Familienbetriebes" von 30 bis 40 ha geprägt sein, sondern berücksichtigen, daß sowohl in Großbritannien und Frankreich als auch in den USA Familienbetriebe eine Größe von 150 bis 250 ha je nach Fruchtfolge, Intensität und Betriebstyp haben. Auch sie werden von einer Familie ohne ständige Lohnarbeitskräfte bewirtschaftet. Daneben sollte Platz sein für genossenschaftliche oder gesellschaftliche Betriebsformen, in denen sich mehrere Einzelbetriebe, die alleine zu klein und zu schwach sind, zusammenschließen. Ebenso haben landwirtschaftliche Großbetriebe im Privatbesitz bestimmte Aufgaben zu erfüllen und Nebenerwerbsbetriebe ihre Existenzberechtigung.

Je vielseitiger die Agrarstruktur, um so besser ist es für den ländlichen Raum. Deswegen sollte von "Förderschwellen" Abstand genommen werden, die bestimmte Betriebsgrößen oder Eigentumsformen von der staatlichen Hilfe ausnehmen. Ebenso sollte das Gesellschaftsrecht den neuen Bedürfnissen angepaßt werden. In Frankreich ist für die "Gruppenlandwirtschaft" von maximal 10 Beteiligten eine spezielle Unternehmensform für die Landwirtschaft geschaffen worden, die die Nachteile der G.m.b.H. und der Genossenschaft (e.G.m.b.H.) vermeidet.

Mit einer raschen, flächendeckenden Einführung einer "bäuerlichen Landwirtschaft", auch wenn sie nicht am Leitbild der westdeutschen, sondern der englischen oder amerikanischen Agrarpolitik ausgerichtet ist, wird in den neuen Ländern ohnedies nicht zu rechnen sein. Die Eigentümer verfügen nicht über genügend Eigenkapital und schon gar nicht über eine unternehmerische Ausbildung. Viele scheuen auch das große Wagnis der Selbständigkeit, da trotz großzügiger Förderung durch die öffentliche Hand (Gemeinschaftsaufgabe "Verbesserung der Agrarstruktur und des Küstenschutzes") ein Kapitaldienst verbleibt, der vor dem Hintergrund weiter sinkender Agrarpreise und evtl. steigender Zinsen problematisch ist.

4.3 Charakteristika der Landwirtschaft in den alten und in den neuen Ländern

Ohne gewisse Informationen über die Situation der Landwirtschaft in den alten und neuen Ländern erscheint es unmöglich, die künftige Entwicklung seitens der Raumordnung vorauszusehen und entsprechende Maßnahmen zu erarbeiten. Deswegen werden nachfolgend einige besonders wichtige Fakten der west- und ostdeutschen Landwirtschaft dargestellt, die keineswegs Anspruch auf Vollständigkeit erheben.

4.3.1 Kenndaten der westdeutschen Landwirtschaft

1. Die Pachtpreise variieren von Land zu Land in erheblichem Maße und spiegeln bis zu einem gewissen Grad die Bodenfruchtbarkeit, aber auch die Möglichkeiten zu außerlandwirtschaftlichem Nebenerwerb wieder. Sie sind im übrigen bei vergleichbaren Bodenverhältnissen im westlichen Ausland fast immer nennenswert niedriger, weil das Angebot an Pachtflächen erheblich größer ist.

Die Pachtpreise betrugen im Jahr 1990 je ha im Durchschnitt in:

Schleswig-Holstein	DM 556	Niedersachsen	DM 497
Nordrhein-Westfalen	DM 485	Bayern	DM 456
Hessen	DM 292	Saarland	DM 182

(Zu den korrespondierenden Bodenklimazahlen vgl. Karte 11 "Güte der Standorte der landwirtschaftlichen Produktion in Deutschland".)

In den fünf neuen Bundesländern sind aufgrund der wirtschaftlichen Verhältnisse die Pachtpreise nennenswert niedriger. Die unterste Grenze liegt bei der Übernahme aller Steuern und Abgaben durch den Pächter, im übrigen werden etwa 2,- DM bis allerhöchstens 3,- DM je Punkt der Bodenklimazahl vereinbart.

2. Die Bodenpreise in der alten BRD waren bislang die höchsten in der ganzen EG und lagen bei etwa 60 000 DM/ha bis 80 000 DM/ha in Nordrhein-Westfalen; Bayern liegt trotz ungünstigerer Produktionsbedingungen an zweiter Stelle, dagegen werden in Niedersachsen und Schleswig-Holstein nur etwa 20 000 DM/ha bezahlt. Natürlich sind die Schwankungen nicht nur vom Land, sondern auch von den örtlichen Produktionsbedingungen und der Verkehrslage abhängig. Unter vergleichbaren Umständen wurden in Belgien und in den Niederlanden nur etwa zwei Drittel der deutschen Bodenpreise erzielt, in England etwa ein Drittel und in Frankreich nur ein Fünftel.

Diese Zahlen zeigen die Entwicklung an, die die Bodenpreise in Deutschland nach der Wiedervereinigung nehmen werden. Insbesondere in den neuen Ländern werden vorerst keine hohen Preise erzielt werden. Im Gegenteil, das im Zuge der Rückübertragung von enteigneten Flächen zunehmende Angebot in den neuen Ländern wird auch einen erheblichen Rückgang der Preise in den alten Ländern zur Folge haben.

3. Die Gewinne der landwirtschaftlichen Vollerwerbsbetriebe im Mittel der Wirtschaftsjahre 1987/88 bis 1989/90 erreichten in den alten Ländern im Durchschnitt:

	DM/Betrieb	DM/Familienarbeitskraft
in allen Betrieben	45 643	31 351
in kleinen Betrieben	32 425	22 980
in mittleren Betrieben	48 203	32 648
in größeren Betrieben	69 969	47 302

Diese Durchschnittswerte schwanken ganz erheblich von Jahr zu Jahr und von Betrieb zu Betrieb. Im Jahre 1989/90 lagen sie etwa 20 % über dem dreijährigen Mittel. Da sie nicht nur vom Wetter und der Konjunktur, sondern vor allem vom Können und dem finanziellen Geschick des Betriebsleiters abhängen, kommen natürlich ebenso Verluste wie ein Mehrfaches der oben genannten Werte vor. Wesentlich geringer als die Schwankungen von Jahr zu Jahr und von Betrieb zu Betrieb sind die vom Betriebstyp abhängigen Schwankungen.

Im Durchschnittgewinn ist eine Ausgleichszulage von DM 4 077 (Durchschnitt von drei Jahren) für alle Vollerwerbsbetriebe mit natürlichen Standortnachteilen enthalten. Der Gesamtbetrag der

Karte 11: Güte der Standorte der landwirtschaftlichen Produktion in Deutschland

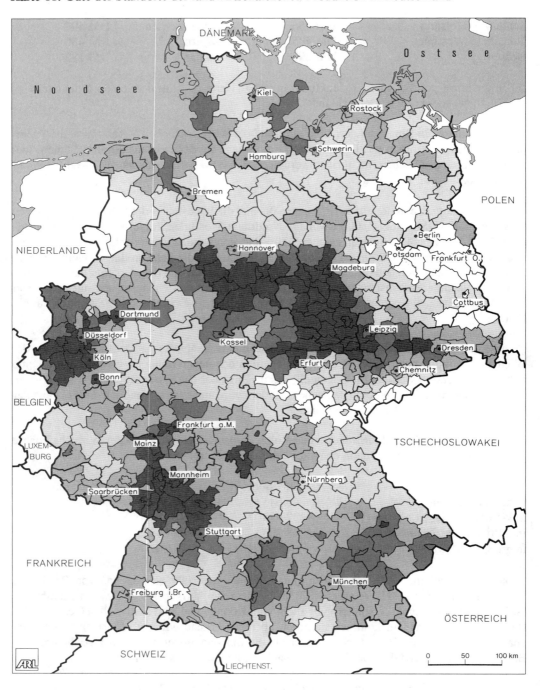

Quelle: Oberfinanzdirektion, Stat. Bundesamt (für alte Länder), Datenspeicher Boden, Forschungszentrum Müncheberg (für neue Länder), BfLR

Finanzhilfen und Einkommensübertragungen im Durchschnittsgewinn der Vollerwerbsbetriebe beträgt DM 14 237 (3 Jahre).

4. Der Anteil der Beschäftigten in der Landwirtschaft liegt auch in den meisten ländlichen Räumen bei 5 % und überschreitet nur in seltenen Fällen 10 %. Die Bevölkerungsdichte liegt mit Ausnahme des Kreises Lüchow-Dannenberg zwischen 50 und 150 Einw./km², meist jedoch über 100 Einw./km².

4.3.2 Spezielle Elemente der Landwirtschaft der ehemaligen DDR

Wie die Tabelle 3 zeigt, sind mit rund 740 000 Arbeitnehmern in der Land- und Forstwirtschaft Ostdeutschlands rund 9 % der Beschäftigten in diesem Wirtschaftszweig tätig, in der alten BRD sind es nur ca. 4 %. Da auf einen Arbeitnehmer etwa ein weiteres, nicht beschäftigtes Familienmitglied kommt, betreffen die Probleme der Umstrukturierung der ostdeutschen Landwirtschaft das Schicksal von 1,5 Mio. Menschen.

Durch die Wiedervereinigung wuchs die Bevölkerung im gesamten Staatsgebiet nur um etwa 21 %, die landwirtschaftlich genutzte Fläche jedoch um rund 50 %. Da die Erträge je Hektar in der ehemaligen DDR auch bei vergleichbaren Boden- und Klimaverhältnissen niedriger waren als in der alten BRD, steht wohl in der neuen Bundesrepublik ein Drittel mehr Fläche zur Verfügung, als sinnvoll für die Produktion von Nahrungsgütern genutzt werden kann. Das zeigt zusätzlich zur menschlichen die Flächendimension des Agrarproblems.

Zentrale Elemente der sozialistischen Agrarpolitik waren der Aufbau von Großbetrieben auf der Basis von nicht-privatem Eigentum in Form von ''Landwirtschaftlichen Produktionsgenossenschaften'' (LPG) und Staatsbetrieben (VEG) und eine rigorose Autarkie-Politik. In einer Untersuchung des Deutschen Instituts für Wirtschaftsforschung werden als Ergebnisse dieser Agrarpolitik herausgestellt:

1. Die Landwirtschaft war in höchstem Maße konzentriert und spezialisiert. Pflanzen und Tierproduktion waren getrennt; hochspezialisierte Großbetriebe (Schweine- und Geflügelmästereien, Milcherzeugung, Viehzucht usw.) wurden aufgebaut und galten als zukunftsweisend. Die durchschnittliche landwirtschaftliche Nutzfläche der rund 1 200 Pflanzenbaubetriebe betrug etwa 4 500 ha, sie bewirtschafteten 85 % der LN und beschäftigten etwa 350 Arbeitskräfte je Betrieb.

Legende zu Karte 11 "Güte der Standorte der landwirtschaftlichen Produktion in Deutschland''

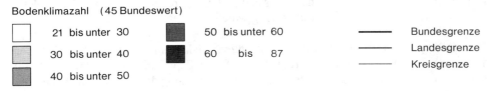

Daneben gab es 3 000 Betriebe mit tierischer Produktion, die je etwa 150 Arbeitskräfte zur Betreuung von etwa 1 500 Großvieheinheiten hatten und 7,3 % der LN bewirtschafteten.

2. Auf die Produktionsgenossenschaften entfielen 85 % der LN, 80 % der Arbeitskräfte, 77 % aller Tiere und 80 % des in der Landwirtschaft eingesetzten Kapitals. Sie waren also im Vergleich mit den VEGs unterkapitalisiert. Die Volkseigenen Güter bewirtschafteten weniger als 10 % der LN, verfügten jedoch über 12 % des Viehbestandes und erzeugten jeweils 1/5 des Saat- und Pflanzgutes sowie des Zucht- und Nutzviehs. Etwa 5 % der LN wurden von der Kirche und anderen bewirtschaftet.

3. Die LPGs waren Betriebe, deren Mitglieder gemeinsam produzierten und den erwirtschafteten Überschuß nach eingebrachter Fläche und vor allem nach Arbeitsleistung, die in sogenannten Arbeitseinheiten bewertet wurde, unter sich verteilten. Das Einkommen war also risikobehaftet, wurde jedoch nach oben durch den Staat auf die vergleichbaren Löhne in den VEGs begrenzt. Die LPGs konnten auch über nach der Verteilung verbleibende Überschüsse nicht frei verfügen, sondern konnten nur nach "Plan" investieren. Darüber hinaus mußten sie eine Reihe von kommunalen und anderen öffentlichen Aufgaben, wie Straßen- und Wegebau, Wohnungsbau, Einrichtung und Betrieb von sozialen Einrichtungen, übernehmen.

4. Das wichtigste Instrument der Förderung der Landwirtschaft in der früheren DDR waren die Erzeugerpreise, die etwa zweimal so hoch lagen wie in der alten Bundesrepublik (pflanzliche Erzeugnisse: 175 %, tierische Produkte: 260 %). Dadurch wurden die Einkommen je Kopf in der Landwirtschaft trotz des sehr hohen Besatzes mit Arbeitskräften auf das Niveau von Industrie und Gewerbe, z.T. sogar darüber gebracht. Andererseits wurden die Verbraucher bei einem Produktionswert der Landwirtschaft von 78 Mrd. Mark durch Subventionen von 32 Mrd. Mark entlastet.

5. Die Landwirtschaft der ehemaligen DDR wurde weit höher subventioniert als die der alten Bundesrepublik. Je in der Landwirtschaft Beschäftigten wurden 43 200 M aufgewandt. Die Großbetriebe ermöglichten entgegen den Erwartungen keine kostengünstige Produktion, da das Optimum bei weitem überschritten wurde und außerdem Viehhaltung und pflanzliche Produktion voneinander getrennt waren. Dazu kamen fehlende Motivation, Innovationsträgheit, Verschwendung von Ressourcen und eine schlechte Koordination mit den der Landwirtschaft vor- und nachgelagerten Bereichen. Die Mitglieder der LPGs hatten genau wie die Arbeiter in den VEGs einseitige Tätigkeiten; unternehmerisches Denken fehlte weitgehend.

6. In den ländlichen Regionen der nördlichen neuen Bundesländer, in denen die Bevölkerungsdichte unter 50 E/km² liegt (vgl. Karte 3), stellt die Landwirtschaft einen wichtigen Wirtschaftsfaktor dar. Der Anteil der in der Landwirtschaft Beschäftigten liegt in Mecklenburg-Vorpommern bei durchschnittlich 20 %, in den südlichen Teilen und in den angrenzenden Gebieten Brandenburgs sogar bei 25 %. Dabei ist allerdings zu berücksichtigen, daß der Landwirtschaft in der ehemaligen DDR auch die Handwerker der LPGs und VEGs zugerechnet wurden und daß relativ sehr viele Arbeitskräfte in der Landwirtschaft tätig waren.

7. Die Landwirte, die wieder selbständig werden wollen - bislang sind etwa 7 500 Betriebe neu gegründet worden -, müssen mit einem Kapitalbedarf von DM 5 000 bis 10 000 je ha für Betriebskapital, lebendes und totes Inventar und die Instandsetzung der Gebäude rechnen.

4.3.3 Charakteristika und Lage der umzuwidmenden landwirtschaftlichen Flächen

Bei den etwa 25 % der landwirtschaftlichen Fläche Europas, die wohl mindestens innerhalb der nächsten zehn oder fünfzehn Jahre aus der landwirtschaftlichen Produktion herausgenommen werden müssen, handelt es sich entsprechend der wirtschaftlichen Logik größtenteils um Grenzertragsböden. Ihre Bodenklimazahl dürfte unter 30 liegen. Sie gestatten es in Zukunft nicht mehr, durch die Produktion von Nahrungsmitteln ein ausreichendes Einkommen zu erwirtschaften.

Wie in den FuS 177 der ARL ausführlich dargelegt, sind es neben den agrarpolitischen Rahmenbedingungen (Erzeugerpreise und Außenschutz, Kontingentierung und Betriebsmittelpreise), dem technischen Fortschritt und den Einkommensansprüchen der Landwirte im Vergleich zur sonstigen Bevölkerung die natürlichen Ertragsbedingungen und die verkehrsgeographische Lage zu den Absatzmärkten und den Einfuhrhäfen für konzentrierte Futtermittel, die über den Umfang der Flächenstillegung in den einzelnen Räumen entscheiden. Sie und nicht die Raum- oder Agrarplanung bestimmen, ob und wieviel Flächen in den einzelnen Räumen aus der Produktion herausgenommen werden.

Standorte mit Bodenklimazahlen von 50 und darüber werden auch in Zukunft die bevorzugten Standorte landwirtschaftlicher Produktion sein. Bei den Standorten mit Bodenklimazahlen von 30 bis 50 spielen Einzelfaktoren eine entscheidende Rolle. Liegen große Ballungsgebiete wie Rhein-Ruhr, Rhein-Main, der Stuttgarter, Münchener, Leipzig-Hallenser, Dresdener oder Berliner Raum nicht allzuweit entfernt, hat die Landwirtschaft auch auf diesen mittleren Böden gute Überlebenschancen. Das gleiche gilt für die in der Nähe der großen Einfuhrhäfen wie Rotterdam, Hamburg oder Bremen liegenden Betriebe. Sie können relativ billig Futtermittel für die Mast von Schweinen und Geflügel zukaufen und damit ihre Existenzgrundlage nennenswert verbessern. Es steht zu hoffen, daß sich für die Gebiete rund um die deutschen Ostseehäfen ähnliche Möglichkeiten eröffnen. Allerdings darf die auf Zukauf gegründete Viehhaltung nur soweit ausgedehnt werden, daß Gülle und Mist, ohne Boden und Grundwasser zu schädigen oder zu vergiften, ausgebracht werden können.

Während in den alten Bundesländern die am meisten von der erwarteten Flächenstillegung betroffenen Räume (etwa 4 % der Landkreise) nicht allzu groß und in besser situierte Räume eingebettet sind, ist das in den neuen Bundesländern, wo 18 % der Landkreise eine Bodenklimazahl von unter 30 aufweisen, nicht der Fall. Aus der Karte 11 "Güte der Standorte der landwirtschaftlichen Produktion in Deutschland (Bodenklimazahlen auf Kreisebenen)" läßt sich ersehen, daß in den alten Ländern nur einige Gebiete der norddeutschen Heiden und Geestlandschaften sowie Gebiete in den Mittelgebirgen, wie der Schwarzwald oder der Bayerische Wald, und auch die Alpen sehr schlechte Produktionsbedingungen haben. Sie finden häufig einen Ausgleich in Spezialkulturen, intensiver Viehhaltung und im Fremdenverkehr.

In den neuen Bundesländern setzen sich die armen Böden einiger Kreise Oberfrankens im Thüringer Wald und dem Erzgebirge bis zur Lausitz fort. Besonders stark verbreitet sind Gebiete mit ungünstigen Standortbedingungen in Brandenburg, wo sie den gesamten Sandgürtel südlich von Berlin, weite Bereiche zwischen Berlin und dem Oderbruch sowie den Norden des Landes umfassen. Im südlichen Mecklenburg sind teilweise ähnliche Bedingungen anzutreffen. Auch bei vernünftigen Betriebsgrößen ist schwer vorstellbar, daß in diesen Gebieten die Nahrungsmittelproduktion flächendeckend wie bisher fortgesetzt werden kann. Hier wird man wohl Stillegungen bis zu 50 % befürchten müssen. Der Rückgang der wirtschaftlichen Tragfähigkeit wird dementsprechend stark sein, zumal auch in der verbleibenden Landwirtschaft rationalisiert werden muß.

4.4 Die zukünftige Nutzung der nicht mehr für die Landwirtschaft benötigten Fläche

Diejenige Fläche, die von der traditionell betriebenen Landwirtschaft nicht mehr benötigt werden wird, stünde anderen Nutzungen zur Verfügung, nämlich:

- der extensiven Landwirtschaft und der Forstwirtschaft,
- der Ökologie (Naturschutz, Wasserschutz, Artenschutz) (siehe Abschnitt VI. 4.5)
- Erholung, Freizeit und Fremdenverkehr (siehe Abschnitt VI. 4.6)
- Ansiedlung von Industrie und Dienstleistungen zur Steigerung der Tragfähigkeit (siehe Abschnitt VI. 4.7).

Unter dem Begriff "Extensive Landwirtschaft" wird der Einsatz von sehr wenig Arbeitskräften, Betriebsmitteln, Vieh, Maschinen und Gebäuden (Kapital) je Flächeneinheit verstanden. Benutzt man den Ausdruck, muß man schon klarmachen, ob man eine arbeitsextensive, eine betriebsmittel- oder kapitalextensive oder eine in jeder Beziehung extensive Wirtschaftsform meint.

Eine arbeitsintensive, jedoch aufwandsextensive Form ist der biologische Landbau. Unter hohem Arbeitseinsatz bei minimalem Aufwand an zugekauften Düngern und Pflanzenschutzmitteln chemischer Herkunft werden gesunde Nahrungsmittel erzeugt, die frei von chemischen Rückständen sind. Da die Arbeits- und Flächenproduktivität des biologischen Landbaus nennenswert niedriger sind als die der traditionellen Landwirtschaft, müssen die Preise für biologisch hochwertige Produkte entsprechend hoch sein, wenn ein befriedigendes Einkommen erzielt werden soll. Demzufolge ist der Markt für diese Produkte vergleichsweise eng, weitet sich jedoch langsam aus.

Bei sehr niedrigen Boden- und Pachtpreisen wären noch folgende arbeits- und kapitalextensive Bewirtschaftungsformen denkbar:

- extensiver Getreidebau in Form des ewigen Roggenbaus, der durchaus bodenverträglich, wenn auch ökologisch nicht unbedingt erwünscht ist; etwa 100 bis 200 ha ließen sich von einer Familie im Nebenerwerb bewirtschaften;
- extensive Heugewinnung zum Verkauf an intensive Viehhaltungsbetriebe oder Pferdehalter; etwa 50 ha bis 80 ha lassen sich leicht im Nebenerwerb bewältigen. Auf Düngung und Pflege kann verzichtet werden. Diese Wirtschaftsform eignet sich natürlich sehr gut für die Wasserschutzgebiete;
- extensive Viehhaltung, die weitgehend auf Weidegang beruht, ohne Ställe auskommt, vollständig auf den Einsatz konzentrierter Futtermittel verzichtet und im Winter nur wenig Heu zufüttert. Beispiele sind: Ammenkuhhaltung, Haltung von Fleischrindern wie Galloway oder Angus, Jungviehaufzucht, Ziegen oder Schafe in Koppeln oder gehütet, Damtiere, Rottiere, Wildschweine, Freilandhaltung von Schweinen, Puten, Gänsen und Hühnern. Auch die Pferdezucht

kommt mit großen, kargen Weiden aus (Trakehner, Haflinger, Ponys); arbeitsteilige Mast, bei der die Jungtiere im Sommer auf der Weide gehalten und in einem Ackerbaubetrieb im Winter im Stall mittels Mais- oder Rübenblattsilage gemästet werden.

Wird wenig oder kein Mineraldünger verwandt, eignen sich die meisten der vorgenannten Formen natürlich für Wasserschutzgebiete, wenn nur die Flächen je Tier groß genug sind.

Als forstwirtschaftliche Nutzungen kämen in Frage:

- der Anbau schnellwachsender Holzarten wie Pappeln oder Weiden (relativ intensiv, ökologisch nicht erwünscht, wenn die Flächen zu groß sind, aber marktwirtschaftlich interessant, da die EG und insbesondere die Bundesrepublik Importeur von Holz und Zellstoff sind;
- die Aufforstung mit Wirtschaftswald bei Mischung verschiedener Holzarten;
- die Aufwaldung mit naturnahen, gemischten Beständen, deren Zusammensetzung an ökologischen und nicht an wirtschaftlichen Erfordernissen ausgerichtet ist. Die Nutzung des Holzes ist jedoch nicht ausgeschlossen.

Allen vorgenannten paralandwirtschaftlichen oder forstwirtschaftlichen Nutzungen ist gemeinsam, daß sie zwar eine Verwertung der Fläche sinnvoll möglich machen und insofern besser als Sozialbrache oder natürliche Sukzession sind, aber keinen Beitrag zur Aufrechterhaltung oder Verbesserung der wirtschaftlichen Tragfähigkeit der ländlichen Räume leisten. Das gilt natürlich auch für die nachfolgend behandelten ökologischen Nutzungen.

4.5 Ökologische Nutzung für den Natur-, Biotopen- und Artenschutz

Die Flächen, die nicht mehr für die Produktion von Nahrungsgütern benötigt werden, könnten auch für die - bezahlte - Produktion von Umweltgütern genutzt werden. Dabei wäre zu denken an:

- die Pflege von Landschaften in stark besuchten Erholungsgebieten, deren übliche Bewirtschaftung durch die gewerbsmäßige Landwirtschaft kein ausreichendes Einkommen mehr ermöglicht. Dabei kann es sich einmal um Fortführung der bisherigen oder einer ähnlichen, evtl. extensiveren landwirtschaftlichen Nutzung gegen entsprechendes Entgelt oder aber um die reine Pflege ohne jede ertragbringende Nutzung, gewissermaßen um die Erhaltung parkähnlicher Landschaften, handeln. Ergänzt werden könnte die Landschaftspflege durch die Haltung alter, sonst vom Aussterben bedrohter Haustierrassen und den Anbau wirtschaftlich i.allg. nicht mehr interessanter Pflanzen wie Dinkel oder Buchweizen (Landwirtschaftliches Freilichtmuseum);
- die natürliche Sukzession, die allerdings vom Standpunkt der Landschaftsgestaltung und der Ökologie nur selten wünschenswert ist; die einfache, unkontrollierte Verbuschung umfaßt nur sehr wenige Arten und entwickelt sich nur selten zu einer ''naturnahen Landschaft'';
- Ausweisung von Naturschutzgebieten an Stellen, an denen schützenswerte Arten von Fauna und Flora schon vorkommen oder wo das Naturraumpotential gestattet, wertvolle Biotope oder Bioreservate wieder einzurichten; sie sollten allerdings, evtl. gegen Eintritt, einem geregelten und kontrollierten Tourismus zugänglich gemacht werden; sonst wird die Bevölkerung Sinn und Aufgabe des Naturschutzes weder verstehen noch finanzieren wollen;

- Anlage eines großzügigen und wirklich funktionsfähigen Biotopenverbundsystems, das die Wanderung von Arten ermöglicht; dazu gehört auch die Ausweisung von großräumigen Landschaftsschutzgebieten, in denen seltene Tier- und Pflanzenarten ihre Lebensgrundlage finden können[37];

- Anlage von nicht genutzten, später sich selbst überlassenen "Urwäldern" als "Waldmuseum";

- Rückbau der "Produktionslandschaft" (Kultursteppe), die durch eine allzu sorglose Flurbereinigung im Westen und die zu großen Schläge im Osten entstanden ist, durch eine "umgekehrte Flurbereinigung" in eine mit Gehölzen, Feuchtgebieten, Windschutzhecken und Biotopen angereicherte "Kulturlandschaft";

- Ausweisung von Wasserschutzgebieten ohne jegliche landwirtschaftliche Nutzung. Die Produktion und Pflege dieser "Umweltgüter" ist entsprechend zu bezahlen.

Die Raumplanung ist ein wesentlicher Teil der ökologisch orientierten Marktwirtschaft, die immer dann ordnend und vorsorgend in das Geschehen im Raum einzugreifen hat, wenn der Markt seine Steuerungsfunktion nicht ausüben kann. Im Sinne einer umfassenden Daseinsfürsorge muß sie bei unvermeidlichen Konflikten zwischen den Ansprüchen einzelner oder von Fachplanungen an Fläche und natürliche Ressourcen zum langfristigen Wohl der Allgemeinheit ausgleichen bzw. entscheiden.

4.6 Fremdenverkehr als Mittel zur Steigerung der Tragfähigkeit

"Arme" ländliche Räume zeichnen sich oft durch besondere landschaftliche Schönheit aus. Ihre Chance zur wirtschaftlichen Entwicklung liegt daher im Fremdenverkehr. In Westdeutschland haben die Lüneburger Heide, die Eifel und andere Mittelgebirge in der Nähe von Ballungsgebieten und der Alpenraum diese Möglichkeit genutzt. Sie sind Beispiel und Warnung zugleich. Der wirtschaftliche Aufschwung verlief hier vielerorts, wenn auch nicht überall, sehr erfolgreich, jedoch wurde insbesondere in den Alpen und an der Küste zu wenig Rücksicht auf die Natur genommen und manche Landschaft stark beeinträchtigt sowie viele wertvolle Biotope und traditionelle Stadt- und Dorfbilder zerstört.

Daraus gilt es, für die thüringischen und sächsischen Mittelgebirge und mehr noch für die brandenburgischen und mecklenburgischen Heiden und Seenplatten oder weite Strecken der mecklenburgisch-pommerschen Ostseeküste die richtigen Schlüsse zu ziehen. Diese Gebiete liegen in erreichbarer Nähe der ost- und mancher westdeutscher Ballungsgebiete, die ihrerseits von fruchtbaren, aber landschaftlich reizlosen Ebenen umgeben sind (weil man das Landschaftsbild der Maximierung der Nahrungsgüterproduktion unterordnete) und denen es an leicht erreichbaren Erholungsgebieten mangelt. Die wirtschaftliche Tragfähigkeit dieser dünn besiedelten ländlichen Räume ist sehr gering, ihr Angebot an nicht effizient in der Landwirtschaft beschäftigten Arbeitskräften relativ groß und ihre Besiedlungsdichte sehr niedrig. Gerade in letzterem Punkt unterscheiden sie sich ganz erheblich von den westdeutschen Ferien- und Erholungsgebieten.

Sie können den Fremdenverkehr daher nach anderen Grundsätzen gestalten als ihre westdeutschen und westeuropäischen Konkurrenten. Bei steigendem Lebensstandard und besserer Verkehrsanbindung ist mit starkem Andrang von Erholungssuchenden aller Art in die ländlichen Räume der ehemaligen DDR zu rechnen. Die Bauleitplanung der Städte und Gemeinden sollte in enger Zusammenarbeit mit der Regionalplanung durch Ausweisung entsprechender Flächen diesen Strom rechtzeitig in geordnete Bahnen lenken. Dabei gilt es, den Fremdenverkehr als fernorientiertes Dienstleistungsgewerbe nicht zu bremsen, sondern geschickt als Mittel zur wirtschaftlichen Förderung dieser sonst benachteiligten ländlichen Räume einzusetzen. Zu denken ist, im Gegensatz zu den viel dichter besiedelten Erholungsgebieten Westdeutschlands, an eine Ausweisung von Flächen für Hotels, Pensionen und Restaurants sowie für Wochenendhäuser bzw. Zweitwohnungen, die der Weite der Landschaft Nordostdeutschlands, der relativ dünnen Besiedlung der ländlichen Räume der ehemaligen DDR und dem reichlichen Angebot an Grenzböden entspricht.

Auch die Durchführung eines Programmes "Ferien auf dem Dorf" könnte mancherorts helfen, die Tragfähigkeit zu verbessern. Es hat allerdings zur Voraussetzung, daß die "Dorferneuerung" alsbald in Angriff genommen wird. Hierzu sind weniger öffentliche Mittel als die Initiative der Dorfbewohner selbst vonnöten[38].

Bei allen Maßnahmen, die zugunsten des Fremdenverkehrs eingeleitet werden, sollte bedacht werden, daß sie auch ganz allgemein den Wohnwert der betreffenden Räume verbessern. Dadurch werden sie als Standorte für Klein- und Mittelbetriebe in der näheren oder weiteren Umgebung interessant. Die Eigentümer und Mitarbeiter können im Erholungsort schön und preiswert wohnen und gegebenfalls in das nächste Mittelzentrum mit entsprechenden Arbeitsplätzen pendeln.

Auch aus diesem Grunde (Freizeitwert) sollte der Flächenbedarf für verschiedene Sportarten in geeigneten "Dörfern" rechtzeitig planerisch vorgesehen werden, wie etwa Tennis- und Golfplätze, Reitanlagen und Häfen für den Wassersport usw. In vielen Fällen ist die kräftige Entwicklung eines naturverträglichen Fremdenverkehrs die einzige Alternative zur passiven Sanierung. Er sollte deshalb zügig, vorausschauend und nach ökologischen Gesichtspunkten geplant werden.

In dünnbesiedelten ländlichen Räumen, wie sie in den neuen Bundesländern sehr oft anzutreffen sind, sollten die Flächen für die einzelnen Wohn- und Sportanlagen wirklich groß und demzufolge die Bebauungsdichte niedrig gehalten werden. Eine weiträumige Besiedlung gestattet es eher, die Erholungssuchenden in ökologisch vertretbarer Weise in die Natur einzubinden. Die mit Betonhochburgen zugebauten Feriengebiete an anderer Stelle sollten als abschreckendes ökologisches und wirtschaftliches Beispiel dienen. Gerade durch niedrige Bauten, wohltuend in die Landschaft eingegliedert und entsprechend der ländlichen Umgebung gestaltet, könnten sich diese neuen Erholungsgebiete vorteilhaft von den alten unterscheiden. Die fünf ostdeutschen Länder haben die einmalige Gelegenheit, die Idee des "sanften Tourismus" im großen beispielhaft zu verwirklichen.

Das reichliche Flächenangebot ermöglicht es außerdem, Naturschutzgebiete mit einem die Städter anziehenden Wild- und Vogelbestand in unmittelbarer Nähe der Ferien- und Erholungsgebiete auszuweisen oder neu anzulegen. Sie sollten dem Fremdenverkehr auf vorgegebenen Wegen geregelt zugänglich gemacht werden. Naturschutzgebiete sind durchaus in der Lage - ohne Gefährdung des Schutzwertes - den Touristen ein Naturerlebnis zu vermitteln, das es leichter machen würde, einen umfassenden Konsens über den Schutz der freien Landschaft zu erreichen.

Besondere Pfade und Kanzeln an bemerkenswerten Stellen zur Beobachtung seltener Tiere könnten angelegt werden und die Besucher von fachlich qualifizierten Wildhütern geführt werden. Auf diese Art und Weise läßt sich nicht nur die Anziehungskraft eines Erholungsgebietes nennenswert steigern, sondern man kann auch den Fremdenverkehr durch Erhebung von Eintrittsgebühren zur Bezahlung des Naturschutzes heranziehen. In anderen Ländern hat man mit dem "Ökotourismus" sehr gute Erfahrungen gemacht.

Die geographische Lage vieler Erholungsgebiete Ostdeutschlands ermöglicht es im übrigen, drei Arten von Fremdenverkehr sinnvoll und geschickt miteinander zu verknüpfen:

- Kurzzeit- oder Wochenendurlaub,
- Ferienaufenthalt,
- Daueraufenthalt.

Der Bau von Wochenendhäusern, die dann im Laufe der Zeit oft Zweitwohnungen werden, könnte viele Menschen langfristig an diese Räume binden. Dabei ist der Übergang von einer zur anderen der erwähnten Formen recht fließend. In dem Maße, in dem dem einzelnen relativ große Grundstücke von vornherein zur Verfügung stehen und in dem das Gebiet durch vernünftige Planung anziehender wird, werden aus Wochenendhäuschen langsam komfortable Zweitwohnungen. Die Menschen sind dann mit der Gegend vertraut, fühlen sich wohl, und einige nutzen letztlich ihren Besitz als Altersruhesitz. Mit einer solchen fortlaufenden Investitionstätigkeit sind natürlich immer Aufträge für das ortsansässige Handwerk verbunden, auch wenn die Besitzer manches selber machen werden.

Hohe Lebenshaltungskosten in vielen Ballungsgebieten und die dort anzutreffende hohe Belastung der Luft mit Schadstoffen geben mehr und mehr Ruheständlern Anlaß, sich "aufs Land", d.h. in die Erholungsgebiete zurückzuziehen, auch wenn sie dort bislang noch keinen Zweitwohnsitz hatten. Dieser Trend ließe sich natürlich durch gute Gesundheitsfürsorge und den Bau von mehr oder weniger komfortablen Seniorenheimen und Wohnstiften mit angeschlossenen Pflegeheimen unterstützen. Auch wird es viele ehemalige Bewohner der ostdeutschen Länder im Alter wieder in die Heimat ziehen. Raumplanung und regionale Wirtschaftsförderung sollten die Wege für eine solche Entwicklung in enger Zusammenarbeit öffnen, indem sie diese Gebiete so anziehend wie möglich gestalten und vor allem dafür sorgen, daß sie nicht "verbaut" werden können.

Der ländliche Raum und seine Erholungsgebiete könnten sich auch mit der Pflege von Alten und Kranken auf die Dauer eine neue Aufgabe und Existenzgrundlage schaffen. Die berufliche Umschulung sollte auch auf diese Möglichkeiten vorbereiten.

Während Naherholungs- und Feriengebiete einer breiten Schicht der Bevölkerung dienen, werden Ferienhäuser, Zweitwohnsitze und Altersruhesitze im ländlichen Raum eher von einer wohlhabenderen Oberschicht gebaut und genutzt werden. Gerade hierin liegt jedoch ihr regionalpolitischer Wert. Gelänge es doch so, Privatkapital zur Verbesserung der wirtschaftlichen Tragfähigkeit der dünnbesiedelten ländlichen Räume zu mobilisieren, das sonst ins Ausland fließt. Länder wie Frankreich, Spanien, Portugal, Italien, Dänemark und Schweden haben diese Möglichkeit mit großem wirtschaftlichem Erfolg genutzt.

4.7 Probleme der Ansiedlung von Industrie- und Dienstleistungsbetrieben

Weitere erfolgversprechende Ansatzpunkte zur Verbesserung der Tragfähigkeit dieser ländlichen Räume liegen in der Weiterentwicklung der nichtlandwirtschaftlichen Betriebszweige der früheren LPGs und der "kooperativen Einrichtungen des Vorleistungsbereiches der Landwirtschaft" zu selbständigen Dienstleistungsunternehmen. Weiterhin müßte im Rahmen der "Regionalen Wirtschaftsförderung" durch Ansiedlung von Klein- und Mittelindustrie für neue Arbeitsplätze gesorgt werden.

Neue Arbeitsplätze werden jedoch nur selten in den Dörfern selbst geschaffen werden können, da hier die absolute Anzahl der verfügbaren Arbeitskräfte zu klein ist. Örtliche Initiative wird deshalb neue Unternehmen vor allen Dingen in den Unter- und Mittelzentren der ländlichen Räume gründen und ansiedeln müssen. Mittel zur Betriebsgründung in Form von Beihilfen und zinsverbilligten Krediten haben die Bundesregierung und die EG bereitgestellt. Sache der Raumplanung ist es, die infrastrukturellen Voraussetzungen zu schaffen. Der öffentliche Nahverkehr sollte sich hierauf durch die Zulassung privater Minibusse oder Maxitaxis (siehe Abschnitt V. 4. "Verkehrsinfrastruktur-Nahverkehr") gleichzeitig einstellen und die kleineren Städte rechtzeitig kleine Industriezonen ausweisen.

Eine solche Raumordnungspolitik in den ärmeren ländlichen Räumen brauchte der prinzipiell richtigen Konzentration der Mittel in den entwicklungsfähigsten Oberzentren nicht entgegenzustehen, da hierfür nur relativ wenig Mittel benötigt würden. Sie gestattete es jedoch, das Prinzip der großräumigen Dezentralisation durch kleinräumliche, regionale Konzentration geschickt zu verwirklichen.

Die Tragfähigkeit dieser ländlichen Räume wird sich jedoch nur dann durch die Raumplanung verbessern lassen, wenn die Umschulung der nicht mehr in der Landwirtschaft benötigten Arbeitskräfte auf andere Berufe, insbesondere jedoch auf Dienstleistungsberufe wie Fremdenverkehr, Altersfürsorge, Naturschutz und Kleinindustrie, am Ort von den zuständigen Stellen schnell in die Wege geleitet wird (siehe auch Abschnitt III. "Strukturpolitik", hier Abschnitt 3, 4 und 5).

VII. Zur Notwendigkeit, schnell Prioritäten zu setzen

Es ist eine bekannte Tatsache, daß nur der Fehler macht, der sich arbeitend um Entscheidungen bemüht. Der größte Fehler ist allerdings der, keine Entscheidungen zu fällen und die Dinge - ohne gute Gründe - so zu lassen, wie sie sind.

Der Bundespräsident hat anläßlich seines Besuches in Sachsen-Anhalt Anfang April 1991 zu Recht ausgeführt:"Unsere gemeinsame Aufgabe ist ohne Beispiel. Für die Umstellung einer die Substanz verzehrenden Planwirtschaft in eine produktive Marktwirtschaft in möglichst kurzer Frist gibt es keine sicheren Erfahrungsmuster. Demokratische Politiker, Wirtschaftswissenschaftler und wirklich erfahrene Praktiker der Marktwirtschaft wissen oder sollten wissen, daß sie fehlbar sind. Wer vorgibt, alles nur deswegen zu wissen, weil er aus dem Westen kommt, disqualifiziert sich selbst.

Freiheit macht die Menschen keineswegs unfehlbar, aber sie macht die Korrektur der Irrtümer möglich. Daß Marktwirtschaft produktiver ist als Planwirtschaft, lehrt die Erfahrung. Marktwirtschaft bietet die besten Chancen, realisiert sie aber nicht automatisch; sie lebt davon, daß möglichst viele persönlich zupacken."[39]

Insbesondere in den neuen Bundesländern, in denen sehr viel Neues von Grund auf geschaffen werden muß, muß man auch damit leben, einmal die falsche Entscheidung zu fällen. Deshalb sind nicht "Oberbedenkenträger" gesucht, sondern Fachleute, die bereit sind, schnell eigene Entscheidungen für den Neuaufbau zu treffen, die "in etwa" der angestrebten raumplanerischen Konzeption entsprechen. Politische Mandatsträger bzw. Vorgesetzte müssen wissen, daß der wirtschaftliche und ökologische Aufbau engagiert Arbeitende erfordert, die Mut zu Fehlern haben.

Entscheidungen fällen ist nicht nur schwer, sondern bringt auch stets Bevorzugungen und Benachteiligungen mit sich. Sind diese aber gründlich und fachkundig überlegt und nach bestem Wissen und Gewissen gefällt worden, gilt es zur nächsten wichtigen Entscheidung zu gelangen. Die bereitgestellten Finanzmittel können nur dann abgerufen werden, wenn die dafür notwendigen Planungsgrundlagen vorhanden sind.

In dem bereits erwähnten Positionspapier des BMBAU wird u.E. zu Recht auf zwei Raumkategorien hingewiesen, die bei der Notwendigkeit, schnell Prioritäten zu setzen, zu beachten sind:

- der ländliche Raum und
- Freiräume und Vorranggebiete.

Das BMBAU weist darauf hin, daß zur Modernisierung des ländlichen Raumes in den neuen Ländern neue Instrumente zum Tragen kommen sollen, zu denen neben der Förderung von Grundzentren beispielsweise der Aufbau eines engmaschigen Netzes von Telehäusern (zur Erledigung von Auftragsarbeiten mit moderner Telekommunikation sowie Ausbildung an diesen Geräten) und Nachbarschaftsläden gehört, in denen Versorgungseinrichtungen wie z.B. Lebensmittelverkauf, Poststellen, Bankdienste, Versandhandel etc. wohnortnah unter einem Dach zusammengefaßt sind.

Im Hinblick auf Freiräume und Vorranggebiete postuliert das BMBAU im Hinblick auf den raumordnungspolitisch wünschenswerten Ausbau der Siedlungsstruktur vor allem die Sicherung des Freiraumvorranges zwischen den großräumig bedeutsamen Entwicklungsachsen.

Das BMBAU empfiehlt in diesem Positionspapier (den zuständigen Ländern bzw. Planungsgemeinschaften) in den Freiräumen, aber auch in Entwicklungsregionen, Vorranggebiete behördenverbindlich auszuweisen.

Diese Vorranggebiete zum Schutz des Grundwassers, bestimmter ökologischer Funktionen[40] und für landschaftsgebundene Erholung sollen die natürlichen Lebensgrundlagen langfristig in ihrer Funktionsfähigkeit sichern.

Aus ökonomischer Sicht völlig verständlich und deshalb zu Recht wird vom BMBAU die Ansicht vertreten, daß die Festlegung derartiger Gebiete mit entsprechenden Ausgleichszahlungen für die betroffenen Gebietskörperschaften verbunden sein sollte, wenn diesen dadurch Beschränkungen in ihrer Eigenentwicklung auferlegt werden. (Das BMBAU gibt allerdings nicht zu erkennen, wer diese Ausgleichszahlungen aufzubringen hat.)

Für einen schnellen Aufbau in den neuen Bundesländern stehen weder genug Fachkräfte noch genug Zeit und Geld zur Verfügung, um alles, was dringend, wünschenswert oder notwendig erscheint, sofort in die Tat umzusetzen. Daher müssen Prioritäten festgelegt und entschieden werden, was zunächst einmal *nicht* gemacht werden soll.

Zu unterscheiden wäre zwischen:

- zeitlichen Prioritäten,
- sektoralen Prioritäten und
- räumlichen Prioritäten.

Zeitpräferenz, das ist immer und überall die Entscheidung zwischen -bescheidenem- Konsum heute, also einem -gewissen- Konsumverzicht ''jetzt'', zugunsten eines größeren und wachsenden Wohlstandes und einer besser geschützten Umwelt ''morgen''. Investitionen lassen sich letztlich nur aus Ersparnissen der einzelnen und damit der Volkswirtschaft finanzieren. Das Sparen fällt dabei um so leichter, je höher das verfügbare Einkommen ist. Dennoch ist es auch in reicheren Volkswirtschaften für die Politiker äußerst schwierig, ihre Wähler von der Notwendigkeit des Konsumverzichts heute (z.B. durch Steuererhöhungen) zugunsten von Investitionen in die Zukunft zu überzeugen. Deshalb muß in jedem Fall darauf geachtet werden, daß die Transferzahlungen in die neuen Bundesländer vorwiegend zu Investitionen genutzt werden.

Sektoral gesehen, muß die Wirtschaftsförderung entscheiden, welche Art von Betrieben und Unternehmen sie vorzugsweise fördern will. Häufig handelt es sich um eine Wahl zwischen der Erhaltung von Arbeitsplätzen in alten, an sich schrumpfenden, wenig produktiven Industrien und der Schaffung neuer Arbeitsplätze in den sogenannten Wachtumsindustrien. Dabei ist die Definition von dem, was Wachstumsindustrie ist, nicht leicht. Die Erfahrung zeigt, daß sich durchaus Betriebe in schrumpfenden Branchen nach gründlicher Rationalisierung zu hochtechnisierten und konkurrenzfähigen Unternehmen wandeln können. Teile der Textilindustrie und des Schiffbaus sind ein Beispiel. Umgekehrt halten Unternehmen der Hochtechnologie nicht immer, was man sich von ihnen versprochen hat. Die Herstellung von Kernkraftwerken und manche Unternehmen der Elektronik sind ebenso Beispiele wie die früher als Motor der Wirtschaft so begehrte Eisen- und Stahlindustrie. Deswegen sind diese Entscheidungen zur Förderungswürdigkeit nicht leicht und müssen immer wieder überprüft werden.

Ebenso schwierig wie die sektorale Wahl ist die Frage der Betriebsgröße. Politiker und Stadtväter tendieren dazu, der Großindustrie den Vorzug zu geben, weil die Investitionsvorhaben und die auf einen Schlag geschaffenen Arbeitsplätze eindrucksvoller sind. Genauere Analysen zeigen jedoch, daß gerade die Mittel- und Kleinunternehmen auf die Dauer die meisten Arbeitsplätze schaffen, sich flexibler neuen Gegebenheiten anpassen und sich auch eher für die Entwicklung der weniger dicht besiedelten Räume eignen. Allerdings ist zu berücksichtigen, daß die Zahl der Insolvenzen auch sehr hoch ist.

Auf dem Gebiete der Infrastruktur müssen zwischen Schiene und Straße Prioritäten gesetzt werden. Diese Entscheidung ist für die Politiker um so schwerer, als Ratio, Erfahrung und wissenschaftliche Erkenntnisse zur Bevorzugung der Schiene drängen, während emotionell der Bürger dem Auto und dem Individualverkehr als Symbol der Freiheit und auch als Statussymbol den Vorzug gibt.

Hinzu kommen die Probleme der Planungs- und Baukapazitäten, die im Straßenbau u.U. schneller gelöst werden als bei der Eisenbahn.

Beim industriellen Umweltschutz ist zu entscheiden, ob die Mittel eher zur Luftreinhaltung oder besser zur Wasserreinigung investiert werden sollen. Ganz sicher sind beide Elemente essentiell, jedoch sollte den Maßnahmen der Vorzug gegeben werden, die die höchste Effizienz bei der Bekämpfung der schlimmsten Schäden durch Verschmutzung (Vergiftung) für die menschliche Gesundheit, bei Tieren und Pflanzen, für Boden, Wasser und Klima sowie die Baudenkmäler und Gebäude haben. Besteht die Gefahr der Trinkwasserkontamination, bzw. ist sie schon vorhanden, muß hier angesetzt werden. Ist die Luft so verschmutzt, daß die Menschen schwere gesundheitliche Belastungen zu ertragen haben, sollte vorzugsweise bei der Luftreinhaltung begonnen werden. Man wird bei dieser Frage von Teilraum zu Teilraum unterschiedliche Antworten geben müssen.

Am schwierigsten ist es, *räumliche* Präferenzen festzulegen, da der ideale Raum offensichtlich weder zu den Ballungsgebieten noch zu den dünn besiedelten Regionen gehört. Zu große Verdichtung schafft ebenso zusätzliche volkswirtschaftliche Kosten wie die passive Sanierung. Grundsätzliche Entscheidungen werden daher nur getroffen werden können im Hinblick auf die Effizienz des Mitteleinsatzes. Eine Wirkungsanalyse aller Maßnahmen ist in jedem Falle hilfreich, sollte aber nicht zu Verzögerungen führen.

Ein wertvolles großflächiges Biotop z.B. kann zerstört werden oder erhalten bleiben. Da die Lebensgrundlagen zahlreicher Arten bereits gefährdet sind, sollte man Wege finden, das geplante Investitionsobjekt an anderer Stelle umweltverträglich zu errichten. Hier lautet dann die Frage nicht: "entweder-oder", sondern "ja, aber" (am anderen, umweltverträglichen Standort).

Schließlich ist noch anzumerken, daß finanzielle Prioritäten festlegen keine "Entweder-Oder"-Entscheidung ist, sondern nur ein Verschieben der Gewichte in eine bestimmte Richtung beinhaltet. Anders verhält es sich bei ökologischen Fragen im Zusammenhang mit der Wahl von Standorten für Investitionsvorhaben.

Planung ist zu verstehen als Mittel zur Vorbereitung von Entscheidungen. Dies gilt im besonderen auch für alle Formen der Raumplanung, die die Voraussetzungen für Standortentscheidungen jedweder Art abklärt und dafür gewisse Bedingungen festlegt. Entscheidungen ohne vorausgehende gründliche Vorbereitung und Abwägung sind ebenso fragwürdig wie ein Planungssystem, das wegen seiner Kompliziertheit Entscheidungen mehr behindert als erleichtert. Trotzdem gilt es, im Hinblick auf die langwierigen Auswirkungen von Standortentscheidungen auf die räumliche Entwicklung deren Einordnung, deren Bezüge und Verflechtungen etwa zwischen Gewerbestandorten, Siedlungsstruktur und Verkehrsnetz, naturräumlichen und sozialen Bedingungen in einem Standortraum immer vor Augen zu haben. Auf die Verknüpfung zwischen Planungsphase und Entscheidungsphase kommt es an, wenn irreversible Schäden durch "falsche" Standortentscheidungen vermieden werden sollen.

Zu all den hier angeschnittenen Fragenkomplexen und manchen anderen, die mit Raumforschung und Landesplanung direkt oder indirekt zusammenhängen, verfügt die Akademie bei ihren Ordentlichen und Korrespondierenden Mitgliedern, in ihrem Sekretariat, ihren Sektionen, ihren Arbeitskreisen und in ihren Landesarbeitsgemeinschaften über viel theoretischen und praktischen Sachverstand, sowohl auf individueller als auch auf kollektiver Basis.

Sie ist daher auf Wunsch durchaus in der Lage und bereit, Politiker und Verwaltung, die die hier erörterten Entscheidungen vor Ort fällen müssen, zu unterstützen.

Dabei ist sowohl an individuelle Politikberatung, an die Ausarbeitung von Einzelgutachten als auch an die gemeinsame Ausarbeitung von Fallstudien zu denken.

Es ist auch denkbar, auf Anfrage hin Arbeitsgruppen aus Praktikern und Theoretikern der alten und der neuen Bundesländer zu bilden, um konkrete Fragen entsprechend den vorstehenden Ausführungen anzupacken und teilraumspezifische Antworten zu suchen.

Anmerkungen

[1] Zum Umweltverfassungsrecht zählen die entsprechenden Artikel des Grundgesetzes für die Bundesrepublik Deutschland, die entsprechenden Artikel des Vertrages zur Gründung der Europäischen Wirtschaftsgemeinschaft, der Vertrag zwischen der Bundesrepublik Deutschland und Deutschen Demokratischen Republik über die Herstellung der Einheit Deutschlands/Einigungsvertrag.

Zum allgemeinen Umweltverwaltungsrecht zählt das Gesetz über die Errichtung eines Umweltbundesamtes, das Gesetz zur Errichtung einer Stiftung Deutsche Bundesstiftung Umwelt, das Gesetz über Umweltstatistiken, das Gesetz über die Umweltverträglichkeitsprüfung.

Zum besonderen Umweltverwaltungsrecht sind zu zählen: das Gesetz über Naturschutz und Landschaftspflege, das Gesetz zur Erhaltung des Waldes und zur Förderung der Forstwirtschaft (Bundeswaldgesetz), das Tierschutzgesetz, das Gesetz zur Ordnung des Wasserhaushaltes (Wasserhaushaltsgesetz), das Gesetz über Abgaben für das Einleiten von Abwasser in Gewässer (Abwasserabgabengesetz) sowie das Gesetz über die Umweltverträglichkeit von Wasch- und Reinigungsmitteln, das Abfallentsorgungsrecht, der Immissionsschutz, die einschlägigen Regelungen zur Kernenergie und zum Strahlenschutz, das Gesetz zur Einsparung von Energie in Gebäuden sowie die Gesetze zum Schutz vor gefährlichen Stoffen.

[2] Der Arbeitsmarkt in Deutschland - aktuelle Arbeitsmarktentwicklung, in: DIW: Wochenbericht 14/91 v. 4. April 1991, S. 189

[3] Quelle: Subventionsabbau als Instrument zur "Finanzierung" des Deutschen Integrationsprozesses?, in: DIW: Wochenbericht 51-52/90, S. 703 ff.

[4] Quelle: DIW, a.a.O., S. 710

[5] Aufgrund der Erfahrungen in den alten Bundesländern sollten die neuen Landesplanungsgesetze generell Regelungen zu folgenden wesentlichen Bereichen enthalten:
- im Bereich des materiellen Raumordnungsrechtes zu:
    Aufgaben und Leitvorstellungen der Raumordnung, Grundsätze der Raumordnung und deren Geltung;
- im Bereich der organisations- und verfahrensrechtlichen Regelungen zu:
    Landesplanungsbehörden
    Raumordnungspläne
    Regionalplanung
    Sicherung der Raumordnung

Es empfiehlt sich sehr, die wesentlichen Maximen für das raumordnerische Verhalten aller öffentlichen Hände im jeweiligen Landesgebiet in Gesetzesform zu bringen, also in das Landesplanungsgesetz (LaPlaG) eines jeden neuen Bundeslandes aufzunehmen, zum einen, um die Bedeutung des hier weitgehend neuen Aufgabenbereichs von Raumordnung und Landesplanung hervorzuheben, zum zweiten, um bis zum Inkrafttreten von Raumordnungsplänen nebst Regionalplänen die Anwendung raumordnerischer Maximen sicherzustellen. Denn das Raumordnungsgesetz des Bundes - ROG - gilt grundsätzlich unmittelbar außer für die Behörden und Planungsträger des Bundes nur für die Landesplanung (§ 3 ROG) und damit nicht für die Fachplanungen der Länder. Für die Gemeinden ist durch den nach § 246 a Abs. 1 Nr. 1 des Einigungsvertrages fortgeltenden § 1 Abs. 4 Bauplanungs- und Zulassungs-VO der ehemaligen DDR beim Fehlen von Zielen der Raumordnung und Landesplanung zwar die Ableitung von Erfordernissen der Raumordnung aus den Grundsätzen des ROG für die Bauleitplanung angeordnet; die Aufnahme in ein LaPlaG ermöglicht jedoch nicht nur die Beseitigung dieses Übergangszustandes, sondern auch die Einfügung ergänzender Grundsätze der Raumordnung für das Landesgebiet und damit die Berücksichtigung raumstruktureller Besonderheiten oder Anliegen des jeweiligen Landes als verbindliche Raumordnungsgrundsätze mit Wirkung für alle öffentlichen Stellen und Planungsträger, auch die des Bundes bei raumbedeutsamen Planungen und Maßnahmen im Lande.

Es liegt daher nahe, die §§ 1 und 2 ROG als entsprechende Paragraphen in die neuen Landesplanungsgesetze zu übernehmen - unter Berücksichtigung weniger, nachfolgend aufgezeigter Abweichungen, bedingt durch die andere gesetzgeberische Situation - und ggf. um einige vom Land als besonders wichtig angesehene Grundsätze des Landes zu ergänzen. Dabei sollte man diese Ergänzungen bei derjenigen Nr. des § 2 ROG, die inhaltlich erweitert wird, einfügen; für eine etwas ausführlichere weitere Regelung stände die - im LaPlaG entbehrlichere - Nr. 4 zur Verfügung (s.u.). Auf diese Weise erleichtert man die Vergleichbarkeit mit dem ROG sowie mit den Landesplanungsgesetzen der anderen neuen und einiger alter Bundesländer.

Organisations- und verfahrensrechtliche Regelungen sind für folgende Bereiche zu treffen:
1. Landesplanungsbehörden
a) Aufgabe der Landesplanung/Verwirklichung der Raumordnung
b) Ressortierung und Zuständigkeit der Landesplanungsbehörden
c) Landesplanungsbeirat

2. Übergeordnete und zusammenfassende Pläne/Raumordnungspläne
a) Landesentwicklungsprogramm (-plan)
b) Regionalpläne (Regionale Raumordnungspläne)

3. Regionalplanung
a) Region (Begriff), Abgrenzung der Regionen
b) Organisation der Regionalplanung
- z.B. Planungsgemeinschaften/Planungsverbände -

4. Sicherung der Raumordnung
a) Raumordnungsverfahren einschl. erststufiger Umweltverträglichkeitsprüfung
b) Raumordnungsbericht
c) Landesplanung und Bauleitplanung
d) Untersagung raumordnungswidriger Planungen und Maßnahmen
e) Mitteilungs- und Auskunftspflichten
f) Raumordnungskataster

5. Übergangs- und Schlußvorschriften
a) Übergangsregelung bei dringendem Planungsbedürfnis
b) Erlaß von Rechtsverordnungen und Verwaltungsvorschriften

[5a] Welche wesentlichen Gesichtspunkte die Länder bei ihrer Regelung des ROV berücksichtigen sollten, hat der von der Akademie eingesetzte Ad-hoc-Arbeitskreis "Umsetzung des ROG in den Ländern" in seiner Stellungnahme vom 30.8.1990 dargetan (s. ARL-Nachrichten Nr. 52, S. 7-9, insbesondere B und C). Ausgerichtet auf den Ablauf des ROV sollten folgende wichtige Punkte mit erfaßt werden:
- Gegenstand des ROV sind Vorhaben mit möglicherweise überörtlicher Auswirkung auf die Raumstruktur, wozu auch mögliche erhebliche Auswirkungen auf die Umwelt gehören; regelmäßig sollten ROV auch bei überörtlichen Vorhaben, für die ein gesetzliches Zulassungsverfahren nicht vorgesehen ist (wie bei Freileitungen und Richtfunkstrecken), durchgeführt werden;
- es sollte geklärt werden, ob und ggf. unter welchen Voraussetzungen ein Anspruch auf Einleitung bzw. Durchführung eines ROV besteht;
- die vom Vorhabenträger beizubringenden Unterlagen sollten stets auch die Beschreibung der Umwelt und ihrer Bestandteile gemäß § 6 Abs. 4 Nr. 2 UVP-Gesetz umfassen, da sie für die Beurteilung der Ausgangslage (Nullvariante) und der zu erwartenden Änderungen unentbehrlich ist; grundsätzlich sollte aber auch hinsichtlich Art und Ausmaß der Unterlagen des Vorhabenträgers dem selbständigen Kriterium der Zumutbarkeit Rechnung getragen werden;
- grundsätzlich sollte in jedem ROV die Öffentlichkeit in dem vollen Umfang, den § 6 a Abs. 6 Satz 3 ROG

- übereinstimmend mit § 9 Abs. 3 UVP-G - angibt, einbezogen werden; denn nur dann kommt der beim Abschluß des ROV vorzunehmenden Bewertung, insbesondere auch der Umweltauswirkungen, die dem Sinn des Verfahrens und dem Koordinierungsauftrag der Raumordnung entsprechende Bedeutung zu; nur dann kann eine erneute Anhörung der Öffentlichkeit zu den behandelten Aspekten vermieden werden; außerdem ist die Akzeptanz der im ROV zu treffenden Entscheidung weitgehend von einer angemessenen Beteiligung der Öffentlichkeit abhängig; es empfiehlt sich daher, bei Vorhaben von größerer Bedeutung die Öffentlichkeit auch in einer Anhörung zu beteiligen (was durch Verwaltungsvorschrift oder im Einzelfall durch Erlaß bestimmt werden könnte);
- in der Regel sollte die Landesplanungsbehörde die berührten Gemeinden mit der Beteiligung der Öffentlichkeit beauftragen, die über die vorgebrachten Einwände berichten und selbst zu dem Vorhaben Stellung nehmen sollten;
- in die vorzunehmende Sachprüfung sollten üblicherweise die "Nullvariante", aber auch andere Varianten einbezogen werden, wenn sie zu günstigeren Raumstrukturen oder geringeren Umweltbeeinträchtigungen führen; bei der Bewertung der Umweltauswirkungen ist grundsätzlich auf alle Umweltmedien und ihre Wechselbeziehungen, des weiteren auf die Umweltanliegen in den Zielen der Raumordnung und Landesplanung einzugehen;
- die das ROV abschließende "landesplanerische Beurteilung" sollte die nach § 6 a Abs. 1 Satz 3 ROG zu treffende Aussage nach der Vereinbarkeit des Vorhabens - ggf. unter welchen Voraussetzungen - eingangs kurz anführen und dann näher - auch unter Eingehen auf den Verfahrensablauf und die wesentlichen Einwände - nachvollziehbar begründen; dabei sollten die Umweltanliegen zwar in einem eigenen Abschnitt, aber nicht losgelöst von der insgesamt ganzheitlichen Prüfung behandelt werden.

Die Anforderungen des letzten, evtl. auch des vorletzten Absatzes könnten in Verwaltungsvorschriften behandelt werden, des weiteren auch Näheres über die vom Vorhabenträger beizubringenden Unterlagen und Einzelheiten der Einbeziehung der Öffentlichkeit.

[6] Vergl. Albers,G.: Wesen und Entwicklung der Stadtplanung, in: Grundriß der Stadtplanung, Hrsg.: Akademie für Raumforschung und Landesplanung, Hannover 1983, S. 2

[6a] Zum Verhältnis Landesplanung-Bauleitplanung ist noch folgendes anzumerken:
Das Gebot des § 1 Abs. 4 ROG, wonach die Gemeinden ihre Bauleitplanung den Zielen der Raumordnung und Landesplanung anzupassen haben, läßt die Regelung zweckmäßig erscheinen, daß
- die Träger der Bauleitplanung ihre vorgesehene Aufstellung oder Änderung eines Bauleitplans (Flächennutzungsplans oder nicht daraus abgeleiteten Bebauungsplans) unter allgemeiner Angabe ihrer Planungsabsichten der zuständigen Landesplanungsbehörde mitteilen und
- die Landesplanungsbehörde dann alsbald dem Träger der Bauleitplanung die von ihm zu beachtenden "Ziele" und (sinnvollerweise auch) die zu berücksichtigenden "Erfordernisse" der Raumordnung und Landesplanung bekanntgibt.

Die Angabe auch der weiteren "Erfordernisse" - es sind dies die in Aufstellung oder Abänderung befindlichen "Ziele" - ist bereits in der Vergangenheit häufig praktiziert worden, schon weil sie die spätere Genehmigung des Bauleitplans erleichtert. Inzwischen spricht für diese Regelung auch, daß das ROG für das Raumordnungsverfahren die vorzunehmende Prüfung ebenfalls auf die "Erfordernisse" erstreckt hat (§ 6 a Abs. 1 Satz 3 ROG).

Für die Äußerung der Landesplanungsbehörde wird die Bezeichnung "landesplanerische Stellungnahme" benutzt. Näheres über die darin in der Regel anzusprechenden Sachbereiche und über verkürzte Stellungnahmen unter bestimmten Voraussetzungen sollten Verwaltungsvorschriften enthalten.

Nachdem in der Begründung zum Baugesetzbuch (BauGB) festgestellt worden ist, daß die Anpassungspflicht des § 1 Abs. 4 auch die Verpflichtung der Kommunen zur erstmaligen Aufstellung wie zur Änderung von Bauleitplänen einschließt, sollte erwogen werden, die Möglichkeit, ein Planungsgebot an säumige Gemeinden zu richten, in das LaPlaG aufzunehmen.

Schließlich könnte auch eine Regelung über Entschädigungen angebracht sein, die das Land denjenigen Gemeinden gewähren sollte, die infolge der Anpassung ihrer Bauleitplanung Dritten entschädigungspflichtig geworden sind oder selbst als Eigentümer von nicht mehr (voll) nutzbaren Grundstücken Wertminderungen hinsichtlich der dafür erbrachten Aufwendungen hinnehmen müssen. Ob darüber hinaus die Gemeinden generell für Wertminderungen der ihnen gehörenden Grundstücke oder für die Kosten der Neuaufstellung des Bauleitplans (Planungskosten) entschädigt werden sollten, steht im Ermessen des Landesgesetzgebers.

[7] Der Schlüssel für die Verteilung der Bundesmittel auf die einzelnen Länder ist wie im Westen die Einwohnerzahl.
Mit den zur Verfügung gestellten Geldern in Höhe von 1.35 Mrd. DM kann der Neubau von 50.000 bis 60.000 Sozialwohnungen, Eigenheimen und Mietwohnungen sowie die Modernisierung von 15.000 bis 20.000 Wohnungen gefördert werden.
Nach den vorliegenden Angaben erhält Berlin 77.9, Brandenburg 160.7, Mecklenburg-Vorpommern 119.5, Sachsen 298.2, Sachsen-Anhalt 180.4, Thüringen 163.3 Mill.DM (Süddeutsche Zeitung vom 12.04.1991, S. 28)

[8] Die Bevölkerung der neuen Bundesländer (einschl. Berlin) verteilt sich wie folgt:

Berlin	7.79 %	Sachsen	29.82 %
Brandenburg	16.07 %	Sachsen-Anhalt	18.04 %
Mecklenburg-Vorpommern	11.95 %	Thüringen	16.33 %

[9] Zur Zeit (Frühjahr 1991) bezahlt der Staat beinahe die Hälfte einer Investition in den neuen Bundesländern, wenn man Zuschuß, Zulage und Sonderabschreibungen zusammenzählt.
Die 12prozentige Investitionszulage kann zum Beispiel mit den neuen Sonderabschreibungen kumuliert werden. Die Förderung ist damit - nach Angaben des Bundeswirtschaftsministeriums - so günstig wie eine 100prozentige Sofortabschreibung.

[10] Wissenschaftlicher Beirat der Gesellschaft für öffentliche Wirtschaft: Öffentliche Unternehmen und soziale Marktwirtschaft - Aktueller Handlungsbedarf im Umstrukturierungsprozeß der DDR, Berlin 1990, S.4

[11] In diesem Zusammenhang ist wichtig, daß nach dem Gesetz über die Vermögen der Gemeinden, Städte und Landkreise (Kommunalvermögensgesetz - KVG) vom 6.7.90 alle volkseigenen Betriebe, die zur Erfüllung öffentlicher Aufgaben der Gemeinden, Städte und Landkreise benötigt werden, diesen zu übereignen sind.
Zu den klassischen Aufgaben zählen die kommunalen Verkehrsbetriebe, Energie- und Wasserversorgung, Entsorgung, Wohnungswirtschaft, kommunaler Straßenbau, Modernisierung und Betrieb von Krankenhäusern u.ä.
Die Finanzierung erfolgt in der Regel und aus gutem Grund über Anleihen, denn Anleihenfinanzierung ist marktwirtschaftskonform, es wird privates Kapital für Infrastrukturinvestitionen mobilisiert, langfristige Laufzeiten mit entsprechender Verzinsung und Tilgung ermöglichen eine Streckung der Belastung und schaffen einen intergenerativen Ausgleich: die, die von den Infrastrukturmaßnahmen profitieren, werden mit zur Finanzierung herangezogen.

[12] Einbringungsrede des Bundesministers für Wirtschaft zum Jahreswirtschaftsbericht 1991 am 19.04.91. Bulletin des Presse- und Informationsamtes der Bundesregierung, Jg. 1991, Nr. 40, S. 293

[13] Das gilt in ganz besonderem Maße für die Entwicklung der Lohnkosten, die ungeteilt bei den Tarifvertragsparteien zu liegen hat. (Auch wenn die Kapitalausstattung in zahlreichen Betrieben technisch noch brauchbar sein mag, wirtschaftlich gesehen hat sie nur noch Schrottwert, wenn das Niveau der westlichen Löhne angestrebt wird, bevor eine entsprechende Produktivität erreicht ist.) Sektorale Strukturpolitik muß sich deshalb unbedingt auf wirkliche Investitionsförderung beschränken. Wirtschaftsförderung darf

nicht direkt oder indirekt zur Lohnsubventionierung führen, denn das Ziel heißt: wettbewerbsfähige Arbeitsplätze in rentabel arbeitenden Betrieben in einem zeitlich überschaubaren Anpassungsprozeß schaffen.

Die westlichen Steuerzahler würden unklugerweise geradezu in den Protest getrieben, wenn die zur Verfügung gestellten Mittel in relevantem Umfang "in den Sand gesetzt würden". Hier gilt es, neben der Nehmermentalität auch die Gebermentalität zu beachten.

[13a] Vgl. hierzu die vom Bundesministerium für Wirtschaft veröffentlichte Broschüre: Wirtschaftliche Förderung in den neuen Bundesländern (hrsg. vom Bundesministerium für Wirtschaft, Referat Öffentlichkeitsarbeit, Villemombler Str. 76, W-5300 Bonn 1 - Stand Mai 1991)

[14] Storm, P.Chr.:Einführung (in das Umweltrecht). Umweltrecht, 6. Auflage, (Beck-Texte im dtv), München 1990, S.12

[15] Wichtige Informationen zur Umweltpolitik sind durch das Bundesministerium für Umwelt, Naturschutz und Reaktorsicherheit (BMU), Postfach 12 06 29, 5300 Bonn 1, - häufig kostenlos oder zu geringen Preisen - erhältlich.
Beispielhaft sind zu erwähnen:
BMU: Eckwertpapier der ökologischen Sanierung und Entwicklung in den neuen Ländern,
BMU: Umweltpolitik - Orientierungshilfen für den ökologischen Aufbau in den neuen Ländern: Wichtige Informationsquellen und Starthilfen des Bundes,
BMU: Umweltunion - Deutsche Einheit - Neue Aufgaben, Informationen des BMU: Umwelt. Monatl. Erscheinungsweise, enthält informative Beiträge über alle umweltrelevanten Bereiche.

[16] Vergl. hierzu auch: Arbeitsplatzsicherung durch Umweltsanierung in den neuen Bundesländern - Nationale Solidaritätsaktion Ökologischer Aufbau. In: Umwelt, Jg. 1991, Nr. 3, S. 99 f.

[17] Die drei wichtigsten Instrumentengruppen der praktischen Umweltpolitik sind: Auflagen, Abgaben und Zertifikate.

[18] Ein eklatantes Beispiel bietet hierfür der Energieverbrauch in den neuen Bundesländern. Die Energiepreise der Haushaltskunden lagen in der alten DDR bei nur etwa 30% des westdeutschen Niveaus, weshalb auch Rationalisierungsanreiz und Einsparnotwendigkeiten bei den Haushalten fehlten. Damit wird verständlich, daß die Bürger der DDR rd. 25% mehr Energie pro Kopf verbrauchten als die Bundesbürger bei rund einem Viertel der bundesdeutschen Wirtschaftskraft je Bürger. Da die Energie im wesentlichen durch schlecht genutzte Braunkohle ohne nachgeschaltete Reinigungstechniken gewonnen wurde, sind die Zusammenhänge - soweit sie die Luftverschmutzung betreffen - in ihren Zusammenhängen nachvollziehbar.

Auf das zweite dominierende Umweltproblem in den fünf neuen Bundesländern, die Belastung der Gewässer und des Grundwassers durch Schadstoffe, verbunden mit der aus topografischen Gründen generell geringen Verfügbarkeit von Wasser aus Seen, Flüssen und Bächen, soll an dieser Stelle nicht weiter eingegangen werden.

Es mag der Hinweis genügen, daß offenbar in sehr vielen Fällen der Wasserverbrauch überhaupt nicht gemessen, geschweige denn - zu welchen Preisen auch immer - berechnet wurde.

[19] Bundesministerium für Wirtschaft: Jahreswirtschaftsbericht 1991, Bonn 1991, S. 40

[20] Karl, H. und Klemmer, P.: Einbeziehung von Umweltindikatoren in die Regionalpolitik, Schriftenreihe des Rheinisch-Westfälischen Instituts für Wirtschaftsforschung, N.F. H. 50, Berlin 1990, S.18

[21] Ebenda, S. 18

[22] Vergl. hierzu auch die folgenden Veröffentlichungen der Akademie:
Ausgeglichene Funktionsräume, Grundlagen für eine Regionalpolitik des mittleren Weges, FuS. Bd. 194, 1. Teil, Hannover 1975,
Ausgeglichene Funktionsräume, Grundlagen für eine Regionalpolitik des mittleren Weges, FuS.Bd. 116, 2.Teil, Hannover 1976,
Dietrichs, B.: Konzeptionen und Instrumente der Raumplanung. Eine Systematisierung, Abh.Bd.89, Hannover 1986,
Umweltverträglichkeitsprüfung im Raumordnungsverfahren nach Europäischem Gemeinschaftsrecht, FuS.Bd.166, Hannover 1986,
Wechselseitige Beeinflussung von Umweltvorsorge und Raumordnung, FuS. Bd. 165, Hannover 1987

[23] Zum folgenden vergl.: BMU: Eckwerte der ökologischen Sanierung und Entwicklung in den neuen Ländern, Bonn 1990, S.16

[24] LÖLF

[25] Der Minister für Umwelt, Raumordnung und Landwirtschaft des Landes Nordrhein-Westfalen (Hrsg.): Natur 2000 in Nordrhein-Westfalen - Leitlinien und Leitbilder für Natur und Landschaft im Jahr 2000.

[26] Zum folgenden vergl. Treuner, P., Art.: Infrastrukturpolitik, in: Grundriß der Raumordnung, Hrsg.: Akademie für Raumforschung und Landesplanung, Hannover 1982, S. 534 ff.

[27] Dabei sind sowohl ökologische als auch ökonomische Bewertungen durchzuführen.
Zu den ökologischen Bewertungskriterien zählen die geologischen, hydrologischen und hydrogeologischen Faktoren sowie landschaftsökologische Kriterien wie z.B. Naturschutzgebiete, flächige Naturdenkmäler, geschützte Landschaftsbestandteile, Naturschutzrelevante Lebensräume, Austausch- und Wanderbeziehungen von Tieren und Pflanzen, Landschaftsbild.
Ökonomische Bewertungskriterien sind: Transportentfernungsminimalpunkt (Transportkostenminimalpunkt), gute verkehrliche Erreichbarkeit, Ersatz bisheriger (Schadstoff-)Emittenten durch Anschluß an Kraft-/Wärmeversorgung der thermischen Anlage.
Bei der Standortbestimmung für Entsorgungsanlagen vor Ort hat sich eine Stufung der Vorgehensweise nach Ausschlußkriterien I. und II. Ordnung, Rangfolge- und Bewertungskriterien bewährt.

[28] So erst kürzlich B. Schmidbauer, BMU, in: Umwelt, Jg. 1991, Nr.3, S.121

[29] Vergl. hierzu ARL: FuS. Bde. 195 und 196, in Vorbereitung, (Hannover 1992) sowie Duhme,F./ Heimbucher,O./Marx,D.: Umweltverträgliche Abfallentsorgung der Landkreise Hof und Wunsiedel sowie der Stadt Hof - UVP-Praxistest,(UBA Forschungsbericht - 101 09 102),[hektografiert], München 1990

[30] Zum folgenden vergl. Rat von Sachverständigen für Umweltfragen: Sondergutachten Altlasten, Wiesbaden 1989 sowie Thomé-Kozmiensky,K.J. und Schneider,M.: Techniken zur Sanierung von Altlasten, in: Zeitschrift für angewandte Umweltforschung (ZAU), Jg. 1989, H.2, S.25 ff.

[31] Thomé-Kozmiensky u. Schneider, a.a.O.,S. 26

[31a] Kracke, R. et al.: Landesentwicklung in Norddeutschland - Untersuchung über mögliche Standorte von Güterverkehrszentren in Norddeutschland, ARL (Hrsg.), Arbeitsmaterial Nr. 178, Hannover 1991

[32] Zum folgenden vergl. Abschnitt: Ziele und Konzeptionen für die Raumordnung und Landesplanung, in: Grundriß der Raumordnung. Hrsg.: Akademie für Raumforschung und Landesplanung, Hannover 1982, insbesondere die Beiträge von Eberle, S. 241 ff. und Kistenmacher, S. 247 ff.

[33] BT-Drucksache V/3958: Raumordnungsbericht 1968 der Bundesregierung, Anhang, S. 149 ff., zitiert nach Kistenmacher, a.a.O., S. 249

[34] Nach den vorliegenden Informationen verfügen die meisten Arbeitskräfte in den neuen Bundesländern über eine solide, die handwerklichen Grundfertigkeiten betonende Ausbildung. Da die zu beherrschende Technik veraltet war, gilt es, schnell und effizient eine umfassende Nachqualifikation zu organisieren. Hier ist eine funktionsfähige Zusammenarbeit und Finanzierung zwischen bzw. durch Arbeitsmarktpolitik und regionaler Strukturpolitik erforderlich, weil diese Nachqualifikation überbetrieblich, etwa in Form regionaler Qualifikationsgesellschaften zu erfolgen hat.

Für eine Übergangsperiode sind auch regionale Beschäftigungsgesellschaften denkbar, die regionale Sanierungsaufgaben, z.B. Betriebsabrisse, Flächensanierungen, Infrastrukturarbeiten u.ä. sowie allgemeine Qualifikationsaufgaben und die Funktion eines Arbeitskräftepools - als befristet zu pflegende "Kinder der Not"- übernehmen könnten. (zu den Details vergl. Klemmer, P.: Beschäftigungsplan und Beschäftigungsgesellschaft aus der Sicht der Regionalwissenschaft, in Vorbereitung.)

[35] In diesem Zusammenhang ist auch zu berücksichtigen, daß einer Verbesserung des Eisenbahnverkehrs in den neuen Ländern erhebliche Engpässe auf dem Gebiet der Planung und Ausführung entgegenstehen. Das RWI schätzt, daß jährlich maximal 6 bis 10 Mrd. DM ausgegeben werden können, was zur Realisierung der oben dargestellten verkehrspolitischen Leitvorstellung - unter den gegenwärtigen Umständen - einen Zeitbedarf von ca. 20 Jahren erfordern würde.

[36] 1989 entfielen allein auf die Landkreise Bitterfeld, Borna und Merseburg mit 1,10 Mio. t höhere SO_2-Emissionen als in der gesamten alten Bundesrepublik mit 1,04 Mio. t.

Die Entwicklung und Durchführung von ökologischen Sanierungskonzepten zum Zweck der unmittelbaren Gefahrenabwehr wird auch die wirtschaftlichen Entwicklungschancen dieser Regionen verbessern.

[37] Zur Größe derartiger Flächen vgl. z.B. Reichholf, J.H.: Indikatoren für Biotopqualitäten, notwendige Mindestflächengrößen und Vernetzungsdistanzen, in: Wechselseitige Beeinflussung von Umweltvorsorge und Raumordnung, ARL FuS. Bd. 165, S. 291 ff.

[38] Gut illustrierte Beispiele gelungener Dorfsanierungen geben die Obersten Baubehörden der Länder zu Illustrationszwecken und zur Nachahmung für die zuständigen Stellen heraus.

Vergl. z.B. Bayerisches Staatsministerium des Innern - Oberste Baubehörde - Sanierung von Städten und Dörfern, München 1990

[39] R.v.Weizsäcker: Zusammenstehen für eine gemeinsame Zukunft. Ansprache des Bundespräsidenten in Magdeburg am 5.04.1991. In: Bulletin des Presse- und Informationsamtes der Bundesregierung, Jg. 1991, Nr.37, S. 274

[40] Man unterscheidet in der Regel: Biotisches Regenerationspotential (Naturschutzpotential), Rohstoffpotential), Wasserdargebotspotential, biotisches Ertragspotential, klimaökologisches Ausgleichs-/Regulationspotential, Erholungspotential, Bebauungs- und Entsorgungspotential.

VIII. Anhang

1. Baugesetzbuch

(Auszug)

§ 1
Aufgabe, Begriff und Grundsätze der Bauleitplanung

(1) Aufgabe der Bauleitplanung ist es, die bauliche und sonstige Nutzung der Grundstücke in der Gemeinde nach Maßgabe dieses Gesetzbuches vorzubereiten und zu leiten.

(2) Bauleitpläne sind der Flächennutzungsplan (vorbereitender Bauleitplan) und der Bebauungsplan (verbindlicher Bauleitplan).

(3) Die Gemeinden haben die Bauleitpläne aufzustellen, sobald und soweit es für die städtebauliche Entwicklung und Ordnung erforderlich ist.

(4) Die Bauleitpläne sind den Zielen der Raumordnung und Landesplanung anzupassen.

(5) Die Bauleitpläne sollen eine geordnete städtebauliche Entwicklung und eine dem Wohl der Allgemeinheit entsprechende sozialgerechte Bodennutzung gewährleisten und dazu beitragen, eine menschenwürdige Umwelt zu sichern und die natürlichen Lebensgrundlagen zu schützen und zu entwickeln. Bei der Aufstellung der Bauleitpläne sind insbesondere zu berücksichtigen

1. die allgemeinen Anforderungen an gesunde Wohn- und Arbeitsverhältnisse und die Sicherheit der Wohn- und Arbeitsbevölkerung,
2. die Wohnbedürfnisse der Bevölkerung bei Vermeidung einseitiger Bevölkerungsstrukturen, die Eigentumsbildung weiter Kreise der Bevölkerung und die Bevölkerungsentwicklung,
3. die sozialen und kulturellen Bedürfnisse der Bevölkerung, insbesondere die Bedürfnisse der Familien, der jungen und alten Menschen und der Behinderten, die Belange des Bildungswesens und von Sport, Freizeit und Erholung,
4. die Erhaltung, Erneuerung und Fortentwicklung vorhandener Ortsteile sowie die Gestaltung des Orts- und Landschaftsbildes,
5. die Belange des Denkmalschutzes und der Denkmalpflege sowie die erhaltenswerten Ortsteile, Straßen und Plätze von geschichtlicher, künstlerischer oder städtebaulicher Bedeutung,
6. die von den Kirchen und Religionsgesellschaften des öffentlichen Rechts festgestellten Erfordernisse für Gottesdienst und Seelsorge,
7. die Belange des Umweltschutzes, des Naturschutzes und der Landschaftspflege, insbesondere des Naturhaushalts, des Wassers, der Luft und des Bodens einschließlich seiner Rohstoffvorkommen, sowie das Klima,
8. die Belange der Wirtschaft, auch ihrer mittelständischen Struktur im Interesse einer verbrauchernahen Versorgung der Bevölkerung, der Land- und Forstwirtschaft, des Verkehrs einschließlich des öffentlichen Personennahverkehrs, des Post- und Fernmeldewesens, der Ver-

sorgung, insbesondere mit Energie und Wasser, der Abfallentsorgung und der Abwasserbeseitigung sowie der Sicherung von Rohstoffvorkommen und die Erhaltung, Sicherung und Schaffung von Arbeitsplätzen,
9. die Belange der Verteidigung und des Zivilschutzes.

Mit Grund und Boden soll sparsam und schonend umgegangen werden. Landwirtschaftlich, als Wald oder für Wohnzwecke genutzte Flächen sollen nur im notwendigen Umfang für andere Nutzungsarten vorgesehen und in Anspruch genommen werden.

(6) Bei der Aufstellung der Bauleitpläne sind die öffentlichen und privaten Belange gegeneinander und untereinander gerecht abzuwägen.

§ 2
Aufstellung der Bauleitpläne, Verordnungsermächtigung

(1) Die Bauleitpläne sind von der Gemeinde in eigener Verantwortung aufzustellen. Der Beschluß, einen Bauleitplan aufzustellen, ist ortsüblich bekanntzumachen.

(2) Die Bauleitpläne benachbarter Gemeinden sind aufeinander abzustimmen.

§ 3
Beteiligung der Bürger

(1) Die Bürger sind möglichst frühzeitig über die allgemeinen Ziele und Zwecke der Planung, sich wesentlich unterscheidende Lösungen, die für die Neugestaltung oder Entwicklung eines Gebiets in Betracht kommen, und die voraussichtlichen Auswirkungen der Planung öffentlich zu unterrichten; ihnen ist Gelegenheit zur Äußerung und Erörterung zu geben. Von der Unterrichtung und Erörterung kann abgesehen werden, wenn

1. der Flächennutzungsplan geändert oder ergänzt wird und dadurch die Grundzüge nicht berührt werden,
2. ein Bebauungsplan aufgestellt, geändert, ergänzt oder aufgehoben wird und sich dies auf das Plangebiet und die Nachbargebiete nur unwesentlich auswirkt oder
3. die Unterrichtung und Erörterung bereits zuvor auf anderer planerischer Grundlage erfolgt sind.

2. Raumordnungsgesetz des Bundes (ROG)

in der Fassung vom 25. Juli 1991

§ 1
Aufgabe und Leitvorstellungen der Raumordnung

(1) Die Struktur des Gesamtraumes der Bundesrepublik Deutschland ist unter Berücksichtigung der natürlichen Gegebenheiten, der Bevölkerungsentwicklung sowie der wirtschaftlichen, infrastrukturellen, sozialen und kulturellen Erfordernisse und unter Beachtung der folgenden Leitvorstellung so zu entwickeln, daß sie:

1. der freien Entfaltung der Persönlichkeit in der Gemeinschaft am besten dient,

2. den Schutz, Pflege und Entwicklung der natürlichen Lebensgrundlagen sichert,

3. Gestaltungsmöglichkeiten der Raumnutzung langfristig offenhält und

4. gleichwertige Lebensbedingungen der Menschen in allen Teilräumen bietet oder dazu führt.

(2) Der räumliche Zusammenhang zwischen den bis zur Herstellung der Einheit Deutschlands getrennten Gebieten ist zu beachten und zu verbessern.

(3) Die Raumordnung im Bundesgebiet hat die räumlichen Voraussetzungen für die Zusammenarbeit im europäischen Raum zu schaffen und sie zu fördern.

(4) Die Ordnung der Teilräume soll sich in die Ordnung des Gesamtraumes einfügen. Die Ordnung des Gesamtraumes soll die Gegebenheiten und Erfordernisse seiner Teilräume berücksichtigen.

§ 2
Grundsätze der Raumordnung

(1) Grundsätze der Raumordnung sind:

1. Die Struktur des Gesamtraumes soll mit einem ausgewogenen Verhältnis von Verdichtungsräumen und ländlichen Räumen entwickelt werden. Die Verflechtung zwischen diesen Teilräumen ist zu verbessern und zu fördern.

2. Die räumliche Struktur der Gebiete mit gesunden Lebensbedingungen, insbesondere mit ausgewogenen wirtschaftlichen, sozialen, kulturellen und ökologischen Verhältnissen, soll gesichert und weiter entwickelt werden. In Gebieten, in denen eine solche Struktur nicht besteht, sollen Maßnahmen zur Strukturverbesserung ergriffen werden. Die Erschließung und Bedienung mit Verkehrs-, Versorgungs- und Entsorgungsleistungen sind mit der angestrebten Entwicklung in Einklang zu bringen. In einer für die Bevölkerung zumutbaren Entfernung sollen zentrale Orte mit den zugehörigen Einrichtungen gefördert werden.

3. In Gebieten, in denen die Lebensbedingungen in ihrer Gesamtheit im Verhältnis zum Bundesdurchschnitt wesentlich zurückgeblieben sind oder ein solches Zurückbleiben zu befürchten ist, sollen die Lebensbedingungen der Bevölkerung, insbesondere die Erwerbsmöglichkeiten, die Wohnverhältnisse, die Umweltbedingungen sowie die Verkehrs-, Versorgungs- und Entsorgungseinrichtungen, allgemein verbessert werden; technologische Entwicklungen sind verstärkt zu nutzen.

4. Die Leistungskraft des in Artikel 3 des Einigungsvertrages genannten Gebietes, insbesondere seiner Grenzregionen, ist mit dem Ziel zu stärken, daß in allen seinen Teilen Lebensbedingungen sowie eine Wirtschafts- und Sozialstruktur geschaffen werden, die denen im übrigen Bundesgebiet gleichwertig sind.

5. In Verdichtungsräumen mit gesunden Lebensbedingungen sowie ausgewogener Wirtschafts- und Sozialstruktur sollen diese Bedingungen und Strukturen sowie die Funktionen dieser Räume als Wohn-, Wirtschafts- und Dienstleistungszentren gesichert werden.

Soweit in Verdichtungsräumen durch Luftverunreinigungen, Lärmbelästigungen, Überlastungen der Verkehrsnetze und andere nachteilige Auswirkungen der Verdichtung ungesunde Lebensbedingungen oder unausgewogene Wirtschafts- und Sozialstrukturen bestehen oder deren Entstehen zu befürchten ist, sollen Maßnahmen zur Strukturverbesserung ergriffen werden. Bei diesen Maßnahmen sind die die Verdichtungsräume umgebenden Teilräume mit einzubeziehen. Insbesondere ist auf die Verbesserung der Verkehrs- und Wohnverhältnisse und auf den Ausbau von Dienstleistungs- und anderen Versorgungs- und Entsorgungseinrichtungen hinzuwirken.

Freiräume für die Naherholung und für den ökologischen Ausgleich sollen gesichert werden.

Art und Umfang dieser Maßnahmen sollen die Verwirklichung der Grundsätze nach den Nummern 1 bis 3 und 6 in den anderen Gebieten nicht beeinträchtigen.

6. Für ländliche Räume ist eine ausreichende Bevölkerungsdichte anzustreben, die gewachsene Siedlungsstruktur möglichst zu erhalten sowie auf die angemessene Ausstattung mit Dienstleistungs-, öffentlichen Verkehrs- und anderen Versorgungseinrichtungen auch bei rückläufigen Bevölkerungszahlen hinzuwirken. Eine wirtschaftliche Leistungsfähigkeit mit ausreichenden und qualifizierten Ausbildungs- und Erwerbsmöglichkeiten, auch außerhalb der Land- und Forstwirtschaft, ist anzustreben.

Die Funktionen dieser Räume als Standort der land- und forstwirtschaftlichen Produktion, als Wohn- und Wirtschaftsstandort sowie als naturnahe Erholungs- und Feriengebiete sollen gesichert und verbessert werden. Für die Erhaltung und Stärkung der ökologischen Funktionen ist Sorge zu tragen.

7. Es sind die Voraussetzungen dafür zu schaffen oder zu sichern, daß die land- und forstwirtschaftliche Bodennutzung durch die Landwirtschaft als bäuerlich strukturierter, leistungsfähiger Wirtschaftszweig erhalten bleibt und zusammen mit einer leistungsfähigen Forstwirtschaft dazu beiträgt, die natürlichen Lebensgrundlagen zu schützen sowie die Kulturlandschaft zu erhalten und zu gestalten.

Die flächengebundene, bäuerliche Landwirtschaft ist in besonderem Maße zu schützen und hat Vorrang vor in anderen Formen ausgeübter Landwirtschaft. Für die land- oder forstwirtschaftliche Nutzung gut geeignete Böden sind in ausreichendem Umfang zu erhalten. Bei einer Änderung der Bodennutzung sollen ökologisch verträgliche Nutzungen angestrebt werden.

8. Für den Schutz, die Pflege und Entwicklung von Natur und Landschaft, insbesondere des Naturhaushalts, des Klimas, der Tier- und Pflanzenwelt sowie des Waldes, für den Schutz des Bodens und des Wassers, für die Reinhaltung der Luft sowie für die Sicherung der Wasserversorgung, für die Vermeidung und Entsorgung von Abwasser und Abfällen und für den Schutz der Allgemeinheit vor Lärm ist zu sorgen. Dabei sind auch die jeweiligen Wechselwirkungen zu berücksichtigen. Für die sparsame und schonende Inanspruchnahme der Naturgüter, insbesondere von Wasser, Grund und Boden, ist zu sorgen.

9. Den Erfordernissen der vorsorgenden Sicherung sowie der geordneten Aufsuchung und Gewinnung von Rohstoffvorkommen soll Rechnung getragen werden.

10. Die Erfordernisse der zivilen und militärischen Verteidigung sind zu beachten.

11. Die landsmannschaftliche Verbundenheit sowie die geschichtlichen und kulturellen Zusammenhänge sollen berücksichtigt werden. Auf die Erhaltung von Kultur- und Naturdenkmälern ist zu achten.

12. Den Bedürfnissen der Menschen nach Erholung in Natur und Landschaft sowie nach Freizeit und Sport soll durch die Sicherung und umweltverträgliche Ausgestaltung geeigneter Räume und Standorte Rechnung getragen werden.

(2) Die Länder können weitere Grundsätze aufstellen, soweit diese dem Absatz 1 und dem § 1 nicht widersprechen.

(3) Die Grundsätze sind von den in § 3 genannten Stellen im Rahmen des ihnen zustehenden Ermessens gegeneinander und untereinander nach Maßgabe des § 1 abzuwägen.

§ 3
Geltung der Grundsätze

(1) Die Vorschriften des § 2 Abs. 1 und 3 sowie die auf Grund des § 2 Abs. 2 aufgestellten Grundsätze gelten unmittelbar für die Behörden des Bundes, die bundesunmittelbaren Planungsträger und im Rahmen der ihnen obliegenden Aufgaben für die bundesunmittelbaren Körperschaften, Anstalten und Stiftungen des öffentlichen Rechts bei Planungen und sonstigen Maßnahmen, durch die Grund und Boden in Anspruch genommen oder die räumliche Entwicklung eines Gebietes beeinflußt wird (raumbedeutsame Planungen und Maßnahmen).

(2) Die Grundsätze des § 2 gelten unmittelbar für die Landesplanung in den Ländern. In den Ländern Berlin, Bremen und Hamburg gelten die Grundsätze des § 2 Abs. 1 für die Flächennutzungspläne nach § 5 des Baugesetzbuchs. Aufgaben und Zuständigkeiten der Landesplanung

bestimmen sich mit der Maßgabe nach Landesrecht, daß sich die Wirkung der Programme und Pläne nach § 5 Abs. 1 auch auf die raumwirksamen Investitionen erstreckt. Weitergehende landesrechtliche Vorschriften über die Geltung der Grundsätze, die Aufgaben und die Zuständigkeiten der Landesplanung bleiben unberührt.

(3) Die Grundsätze des § 2 Abs. 1 und 2 haben dem einzelnen gegenüber keine Rechtswirkung.

§ 4
Verwirklichung der Grundsätze

(1) Der für die Raumordnung zuständige Bundesminister wirkt unbeschadet der Aufgaben und Zuständigkeiten der Länder auf die Verwirklichung der Vorschriften des § 2 hin, insbesondere durch Abstimmung der raumbedeutsamen Planungen und Maßnahmen nach § 3 Abs. 1 einschließlich des Einsatzes der raumwirksamen Investitionen. Er stellt die langfristigen und großräumigen raumbedeutsamen Planungen und Maßnahmen nach § 3 Abs. 1 zusammenfassend dar.

(2) Die Bundesregierung hat darauf hinzuwirken, daß die juristischen Personen des Privatrechts, an denen der Bund beteiligt ist, im Rahmen der ihnen obliegenden Aufgaben die §§ 1 und 2 beachten.

(3) Die Länder sichern im Rahmen der Landesplanung (§ 3 Abs. 2) die Verwirklichung der Vorschriften des § 2 insbesondere durch die Aufstellung von Programmen und Plänen nach § 5.

(4) Die Länder haben bei raumbedeutsamen Maßnahmen darauf Rücksicht zu nehmen, daß die Verwirklichung der Grundsätze in benachbarten Bundesländern und im Bundesgebiet in seiner Gesamtheit nicht erschwert wird.

(5) Die Behörden des Bundes und der Länder, die Gemeinden und Gemeindeverbände, die öffentlichen Planungsträger sowie im Rahmen der ihnen obliegenden Aufgaben die bundesunmittelbaren und die der Aufsicht des Landes unterstehenden Körperschaften, Anstalten und Stiftungen des öffentlichen Rechts haben ihre Planungen und Maßnahmen aufeinander und untereinander abzustimmen. Das gilt vor allem für Maßnahmen zur Verbesserung der Agrarstruktur und die Bauleitplanung. Die Länder regeln die Mitwirkung der für die Raumordnung zuständigen Landesbehörden bei der Abstimmung.

(6) Bei Planungen und Maßnahmen, die Auswirkungen auf Nachbarstaaten haben, soll für eine gegenseitige Unterrichtung und Abstimmung der geplanten Maßnahmen Sorge getragen werden.

§ 5
Raumordnung in den Ländern

(1) Die Länder stellen für ihr Gebiet übergeordnete und zusammenfassende Programme oder Pläne auf. Die Aufstellung räumlicher und sachlicher Teilprogramme und Teilpläne ist zulässig. Die Länder bezeichnen die in § 2 Abs. 1 Nr. 3 und 5 Satz 2 genannten Gebiete. Für diese Gebiete

sollen vordringlich räumliche oder sachliche Teilprogramme oder Teilpläne aufgestellt werden. In den Ländern Berlin, Bremen und Hamburg ersetzt ein Flächennutzungsplan nach § 5 des Baugesetzbuchs die Programme und Pläne; das Recht, Programme und Pläne nach den Sätzen 1 und 2 aufzustellen, bleibt unberührt.

(2) Die Programme und Pläne nach Absatz 1 müssen unbeschadet weitergehender bundes- und landesrechtlicher Vorschriften diejenigen Ziele der Raumordnung und Landesplanung enthalten, die räumlich und sachlich zur Verwirklichung der Grundsätze nach § 2 erforderlich sind. Bei der Aufstellung von Zielen der Raumordnung und Landesplanung sind die Gemeinden und Gemeindeverbände, für die eine Anpassungspflicht begründet wird, oder deren Zusammenschlüsse zu beteiligen; das Nähere wird durch Landesrecht bestimmt.

(3) Die Länder schaffen Rechtsgrundlagen für eine Regionalplanung, wenn diese für Teilräume des Landes geboten erscheint. Soweit die Regionalplanung nicht durch Zusammenschlüsse von Gemeinden und Gemeindeverbänden zu regionalen Planungsgemeinschaften erfolgt, sind die Gemeinden und Gemeindeverbände oder deren Zusammenschlüsse in einem förmlichen Verfahren zu beteiligen; das Nähere wird durch Landesrecht bestimmt. Ist eine Regionalplanung über die Grenzen eines Landes erforderlich, so treffen die beteiligten Länder die notwendigen Maßnahmen im gegenseitigen Einvernehmen.

(4) Ziele der Raumordnung und Landesplanung sind von den in § 4 Abs. 5 genannten Stellen bei Planungen und allen sonstigen Maßnahmen, durch die Grund und Boden in Anspruch genommen oder die räumliche Entwicklung eines Gebietes beeinflußt wird, zu beachten. § 3 Abs. 1 und 2 bleibt unberührt.

§ 6
Anpassung besonderer Bundesmaßnahmen

(1) Bei Vorhaben des Bundes oder bundesunmittelbarer Planungsträger,

a) deren besondere öffentliche Zweckbestimmung einen bestimmten Standort oder eine bestimmte Linienführung erfordert oder
b) die auf Grundstücken durchgeführt werden sollen, die nach dem Landbeschaffungsgesetz oder nach dem Schutzbereichsgesetz in Anspruch genommen sind, oder
c) über die in einem Verfahren nach dem Bundesfernstraßengesetz, dem Bundesbahngesetz, dem Bundeswasserstraßengesetz, dem Telegraphenwegegesetz, dem Luftverkehrsgesetz oder dem Personenbeförderungsgesetz zu entscheiden ist, gilt § 5 Abs. 4 nur, wenn die zuständige Behörde oder der bundesunmittelbare Planungsträger beteiligt worden ist und innerhalb angemessener Frist nicht widersprochen hat.

(2) Der Widerspruch ist zulässig, wenn die Ziele der Raumordnung und Landesplanung

1. mit den Grundsätzen des § 2 nicht übereinstimmen oder

2. mit der Zweckbestimmung des Vorhabens nicht in Einklang stehen und das Vorhaben nicht auf einer anderen geeigneten Fläche durchgeführt werden kann.

Macht eine Veränderung der Sachlage eine Abweichung erforderlich, so kann sich die zuständige Behörde oder der bundesunmittelbare Planungsträger mit Zustimmung der nächsthöheren Behörde innerhalb angemessener Frist hierauf berufen.

§ 6a
Raumordnungsverfahren

(1) Die Länder schaffen Rechtsgrundlagen für ein Verfahren, in dem raumbedeutsame Planungen und Maßnahmen untereinander und mit den Erfordernissen der Raumordnung und Landesplanung abgestimmt werden (Raumordnungsverfahren). Das Raumordnungsverfahren schließt die Ermittlung, Beschreibung und Bewertung der raumbedeutsamen Auswirkungen der Planung oder Maßnahme auf

1. Menschen, Tiere und Pflanzen, Boden, Wasser, Luft, Klima und Landschaft einschließlich der jeweiligen Wechselwirkungen,
2. Kultur- und sonstige Sachgüter

entsprechend dem Planungsstand ein. Durch das Raumordnungsverfahren wird festgestellt,

1. ob raumbedeutsame Planungen oder Maßnahmen mit den Erfordernissen der Raumordnung übereinstimmen,
2. wie raumbedeutsame Planungen und Maßnahmen unter den Gesichtspunkten der Raumordnung aufeinander abgestimmt oder durchgeführt werden können.

(2) Die Bundesregierung bestimmt durch Rechtsverordnung mit Zustimmung des Bundesrates Vorhaben, für die wegen ihrer Raumbedeutsamkeit und möglicherweise erheblichen Auswirkungen auf die Umwelt in der Regel ein Raumordnungsverfahren durchzuführen ist. Von einem Raumordnungsverfahren kann abgesehen werden, wenn für diese Vorhaben räumlich und sachlich hinreichend konkrete Ziele der Raumordnung und Landesplanung in Programmen und Plänen nach § 5 dargestellt werden und das Verfahren den Anforderungen des Absatzes 1 und den für die Einbeziehung der Öffentlichkeit geltenden Anforderungen für das Raumordnungsverfahren entspricht.

(3) Die Länder regeln die Einholung der erforderlichen Angaben für die Planung oder Maßnahme.

(4) Die in § 4 Abs. 5 genannten Stellen sind zu unterrichten und zu beteiligen. Bei Vorhaben des Bundes oder bundesunmittelbarer Planungsträger ist im Benehmen mit der zuständigen Stelle über die Einleitung eines Raumordnungsverfahrens zu entscheiden. Die Öffentlichkeit ist zu unterrichten. Das Nähere regeln die Länder.

(5) Bei Vorhaben der militärischen Verteidigung entscheidet der zuständige Bundesminister oder die von ihm bestimmte Stelle, bei Vorhaben der zivilen Verteidigung die zuständige Stelle über Art und Umfang der Angaben für die Planung oder Maßnahme sowie über die Beteiligung und Unterrichtung der Öffentlichkeit.

(6) Das Ergebnis des Raumordnungsverfahrens und die darin eingeschlossene Ermittlung, Beschreibung und Bewertung der Auswirkungen des Vorhabens auf die Umwelt ist von den in § 4 Abs. 5 genannten Stellen bei raumbedeutsamen Planungen und Maßnahmen, die den im Raumordnungsverfahren beurteilten Gegenstand betreffen, sowie bei Genehmigungen, Planfeststellungen oder sonstigen behördlichen Entscheidungen über die Zulässigkeit des Vorhabens nach Maßgabe der dafür geltenden Vorschriften zu berücksichtigen. Von den für die Prüfung der Umweltverträglichkeit vorgeschriebenen Anforderungen kann im nachfolgenden Zulassungsverfahren insoweit abgesehen werden, als diese Verfahrensschritte bereits im Raumordnungsverfahren erfolgt sind. Die Anhörung der Öffentlichkeit und die Bewertung der Umweltauswirkungen können auf zusätzliche oder andere erhebliche Umweltauswirkungen beschränkt werden, sofern die Öffentlichkeit im Raumordnungsverfahren dadurch einbezogen wurde, daß

1. das Vorhaben öffentlich bekanntgemacht wird,

2. die für die Prüfung der Umweltverträglichkeit erforderlichen Unterlagen während eines angemessenen Zeitraumes eingesehen werden können,

3. Gelegenheit zur Äußerung gegeben wird,

4. die Öffentlichkeit über die Entscheidung unterrichtet wird.

Die Pflicht, Ziele der Raumordnung und Landesplanung gemäß § 5 Abs. 4 zu beachten, bleibt unberührt. Das Ergebnis des Raumordnungsverfahrens ist insbesondere aus den Grundsätzen und Zielen der Raumordnung und Landesplanung herzuleiten. Für Verfahren der Bauleitplanung ist das Ergebnis des Raumordnungsverfahrens in die Abwägung nach § 1 Abs. 5 und 6 des Baugesetzbuchs mit einzubeziehen; die Anpassung der Bauleitplanung richtet sich allein nach § 1 Abs. 4 des Baugesetzbuchs.

(7) Das Ergebnis des Raumordnungsverfahrens hat gegenüber dem Träger des Vorhabens und gegenüber einzelnen keine unmittelbare Rechtswirkung. Es ersetzt nicht die Genehmigungen, Planfeststellungen oder sonstigen behördlichen Entscheidungen nach anderen Rechtsvorschriften. Das Berücksichtigungsgebot nach Absatz 6 bleibt unberührt.

(8) Für die Länder Berlin, Bremen und Hamburg gilt die Verpflichtung nach Absatz 1 Satz 1 nicht. Schaffen diese Länder Rechtsgrundlagen für Raumordnungsverfahren, finden die Absätze 1 bis 7 Anwendung.

(9) In dem in Artikel 3 des Einigungsvertrages genannten Gebiet mit Ausnahme Berlins sind bis zum Erlaß von Rechtsgrundlagen im Sinne des Absatzes 1 Satz 1 die Absätze 1, 3, 4 und 6 unmittelbar anzuwenden.

§ 7
Untersagung raumordnungswidriger Planungen und Maßnahmen

(1) Ist die Aufstellung, Änderung, Ergänzung oder Aufhebung von Zielen der Raumordnung und Landesplanung eingeleitet, so kann die für die Raumordnung zuständige Landesbehörde raumbedeutsame Planungen und Maßnahmen, die Behörden oder sonstige Stellen im Sinne des

§ 4 Abs. 5 beabsichtigen, für eine bestimmte Zeit untersagen, wenn zu befürchten ist, daß die Durchführung der Ziele der Raumordnung und Landesplanung unmöglich gemacht oder wesentlich erschwert wird. Dies gilt nur für solche Planungen und Maßnahmen, die von der Rechtswirkung der Ziele der Raumordnung und Landesplanung nach § 5 erfaßt würden.

(2) Widerspruch und Anfechtungsklage gegen eine Untersagung haben keine aufschiebende Wirkung.

(3) Das Nähere, auch die Entschädigung für die Folgen einer Untersagung, regeln die Länder; die Höchstdauer der Untersagung darf zwei Jahre nicht überschreiten.

§ 8
Gemeinsame Beratung

(1) Grundsätzliche Fragen der Raumordnung und Landesplanung und Zweifelsfragen sollen von der Bundesregierung und den Landesregierungen gemeinsam beraten werden. Hierzu gehören insbesondere:

1. die Merkmale für die Bestimmung der Gebiete nach § 2 Abs. 1 Nr. 3 und 5 Satz 2 sowie die Abgrenzung dieser Gebiete nach § 5 Abs. 1 Satz 3,

2. Zweifelsfragen bei der Anwendung der Grundsätze nach § 2 bei wesentlichen raumbedeutsamen Planungen und Maßnahmen des Bundes und der Länder,

3. Zweifelsfragen bei der Abstimmung von raumbedeutsamen Planungen und Maßnahmen (§ 4 Abs. 5) und über die Berechtigung des Widerspruchs einer Behörde des Bundes oder eines bundesunmittelbaren Planungsträgers gegen Programme oder Pläne der Raumordnung und Landesplanung in den Ländern (§ 6),

4. Zweifelsfragen über die Folgen der Verwirklichung der Grundsätze in benachbarten Bundesländern und im Bundesgebiet in seiner Gesamtheit (§ 4 Abs. 4).

(2) Eine gemeinsame Beratung nach Absatz 1 oder deren Möglichkeit steht der Einleitung und Durchführung gesetzlich geregelter Verfahren nicht entgegen. Soll die Berechtigung eines Widerspruchs nach § 6 beraten werden, und hat das Land oder die Gemeinde eine andere Fläche für das Vorhaben bezeichnet, so darf mit der Verwirklichung erst begonnen werden, wenn die Beratung stattgefunden hat; nach Ablauf von 3 Monaten seit Erhebung des Widerspruchs steht die Möglichkeit einer Beratung der Verwirklichung des Vorhabens nicht entgegen.

§ 9
Beirat für Raumordnung

(1) Bei dem für die Raumordnung zuständigen Bundesminister ist ein Beirat zu bilden. Er hat die Aufgabe, den Bundesminister in Grundsatzfragen der Raumordnung zu beraten.

(2) Der Bundesminister beruft im Benehmen mit den zuständigen Spitzenverbänden in den Beirat neben Vertretern der kommunalen Selbstverwaltung Sachverständige insbesondere aus den Bereichen der Wissenschaft, der Landesplanung, des Städtebaues, der Wirtschaft, der Landwirtschaft, der Forstwirtschaft, des Naturschutzes und der Landschaftspflege, der Arbeitgeber, der Arbeitnehmer und des Sports.

§ 10
Mitteilungs- und Auskunftspflicht

(1) Die Behörden des Bundes, die bundesunmittelbaren Planungsträger und die bundesunmittelbaren Körperschaften, Anstalten und Stiftungen des öffentlichen Rechts sind verpflichtet, der Bundesregierung die erforderlichen Auskünfte zu geben. Der für die Raumordnung zuständige Bundesminister unterrichtet die für die Raumordnung zuständigen obersten Landesbehörden über Vorhaben des Bundes und der bundesunmittelbaren Planungsträger von wesentlicher Bedeutung. Die Unterrichtungspflicht gilt nicht, soweit andere bundesgesetzliche Vorschriften bereits eine Unterrichtung der für die Raumordnung zuständigen obersten Landesbehörden vorsehen.

(2) Die für die Raumordnung zuständigen obersten Landesbehörden informieren den für die Raumordnung zuständigen Bundesminister über

1. die in ihren Ländern aufzustellenden und aufgestellten Programme und Pläne,
2. die beabsichtigten oder getroffenen sonstigen landesplanerischen Maßnahmen und Entscheidungen von wesentlicher Bedeutung.

(3) Die Länder regeln Inhalt und Umfang der Mitteilungs- und Auskunftspflicht über beabsichtigte Planungen und Maßnahmen, soweit diese für die Landesplanung Bedeutung haben oder erlangen können. Dies gilt unbeschadet anderweitiger bundesgesetzlicher Regelungen nicht für die in Absatz 1 Satz 2 genannten Vorhaben.

(4) Bund und Länder sind verpflichtet, sich gegenseitig alle Auskünfte zu erteilen, die zur Durchführung der Aufgaben der Raumordnung und Landesplanung notwendig sind. Weitergehende vertragliche Regelungen bleiben unberührt.

§ 11
Unterrichtung des Deutschen Bundestages

Die Bundesregierung erstattet in einem Abstand von vier Jahren, erstmalig im Jahre 1966, dem Bundestag einen Bericht über

1. die bei der räumlichen Entwicklung des Bundesgebietes zugrunde zu legenden Tatsachen (Bestandsaufnahme, Entwicklungstendenzen),
2. die Auswirkungen zwischenstaatlicher Verträge auf die räumliche Entwicklung des Bundesgebietes, insonderheit dessen regionale Wirtschaftsstruktur,

3. die im Rahmen der angestrebten räumlichen Entwicklung durchgeführten und geplanten Maßnahmen.

§ 12
Überleitungsregelungen aus Anlaß der Herstellung der Einheit Deutschlands

In dem in Artikel 3 des Einigungsvertrages genannten Gebiet ist dieses Gesetz mit folgenden Maßgaben anzuwenden:

1. § 2 Abs. 1 Nr. 7 Unterabsatz 2 ist in folgender Fassung anzuwenden:

"Die flächengebundene bäuerliche Landwirtschaft ist in besonderem Maße zu schützen. In gleichberechtigter Form stehen nebeneinander Einzelbauernwirtschaften und landwirtschaftliche Betriebe in Form juristischer Personen. Für die land- oder forstwirtschaftliche Nutzung gut geeignete Böden sind in ausreichendem Umfang zu erhalten. Bei einer Änderung der Bodennutzung sollen ökologisch verträgliche Nutzungen angestrebt werden."

2. Die §§ 2 und 3 des Gesetzes über die Inkraftsetzung des Raumordnungsgesetzes der Bundesrepublik Deutschland in der Deutschen Demokratischen Republik vom 5. Juli 1990 (GBl. I S. 627) finden weiterhin Anwendung.

§ 12a
(Bekanntmachungserlaubnis)

§ 13
(Inkrafttreten)

Die Herausgabe dieser Veröffentlichung wurde durch eine großzügige Zuwendung der Alfred-Ludwig-Stiftung München an die Akademie für Raumforschung und Landesplanung ermöglicht.

Stellungnahmen zu aktuellen Entwicklungsproblemen in Deutschland und weitere Veröffentlichungen der Akademie

Zur Sicherung einer geordneten räumlichen Entwicklung in beiden Teilen Deutschlands, Erklärung der Mitgliederversammlung der Akademie am 19. April 1990 in Eschwege, Nachrichten Heft Nr. 51, Juli 1990

Zur Durchsetzung raumordnerischer Erfordernisse in Deutschland, Stellungnahme der Sektion III und der Regionalen Arbeitsgemeinschaften Mecklenburg-Vorpommern/Brandenburg/Berlin und Sachsen/Sachsen-Anhalt/Thüringen der Akademie am 6./7./8. Juni in Jessern, Nachrichten Heft Nr. 54, Oktober 1991

Zur Organisation der Raumordnung, Landes- und Regionalplanung in den Ländern Sachsen, Sachsen-Anhalt und Thüringen, Stellungnahme der Regionalen Arbeitsgemeinschaft Sachsen/Sachsen-Anhalt/Thüringen der Akademie, Nachrichten Heft Nr. 52, November 1990

Überlegungen zur Harmonisierung der Landesplanungsgesetzgebung in den neuen deutschen Bundesländern, Stellungnahme des Präsidenten der Akademie, Nachrichten Heft Nr. 52, November 1990

Günter Brenken: **Wesentliche Regelungen, die die Landesplanungsgesetze der neuen Bundesländer enthalten sollten**, Dezember 1990, vervielfältigtes Manuskript

Entwicklung der Verkehrsinfrastruktur zwischen Norddeutschland und der DDR, Stellungnahme der Landesarbeitsgemeinschaft Norddeutsche Bundesländer der Akademie, Nachrichten Heft Nr. 50, April 1990

Entwicklung der großräumigen Verkehrsinfrastrukturen zwischen Norddeutschland und den europäischen Nachbarn, Stellungnahme der Landesarbeitsgemeinschaft Norddeutsche Bundesländer der Akademie, Mai 1991, vervielfältigtes Manuskript

Entwicklung der großräumigen Verkehrsinfrastrukturen im mittleren Teil der Bundesrepublik Deutschland und zu den europäischen Nachbarn, Stellungnahme der Landesarbeitsgemeinschaft Hessen/Rheinland-Pfalz/Saarland in Zusammenarbeit mit der Regionalen Arbeitsgemeinschaft Sachsen/Sachsen-Anhalt/Thüringen der Akademie, August 1991, vervielfältigtes Manuskript

---

Regionalentwicklung im föderalen Staat, Wissenschaftliche Plenarsitzung 1988, Forschungs- und Sitzungsberichte Band 181 der Akademie für Raumforschung und Landesplanung, Hannover 1989

Europäische Integration, Aufgaben für Raumforschung und Raumplanung, Wissenschaftliche Plenarsitzung 1989, Forschungs- und Sitzungsberichte Band 184 der Akademie für Raumforschung und Landesplanung, Hannover 1990

Regional- und Landesplanung für die 90er Jahre, Wissenschaftliche Plenarsitzung 1990, Forschungs- und Sitzungsberichte Band 186 der Akademie für Raumforschung und Landesplanung, Hannover 1990

Funktionsräumliche Arbeitsteilung und Ausgeglichene Funktionsräume in Nordrhein-Westfalen, Forschungs- und Sitzungsberichte Band 163 der Akademie für Raumforschung und Landesplanung, Hannover 1985

Wechselseitige Beeinflussung von Umweltvorsorge und Raumordnung, Forschungs- und Sitzungsberichte Band 165 der Akademie für Raumforschung und Landesplanung, Hannover 1987

Regionalprognosen, Methoden und ihre Anwendung, Forschungs- und Sitzungsberichte Band 175 der Akademie für Raumforschung und Landesplanung, Hannover 1988

Zur geschichtlichen Entwicklung der Raumordnung, Landes- und Regionalplanung in der Bundesrepublik Deutschland, Forschungs- und Sitzungsberichte Band 182 der Akademie für Raumforschung und Landesplanung, Hannover 1991

Bruno Dietrichs und Helga-Ellen Dietrichs: **Die Berücksichtigung von Umweltbelangen in Raumordnung, Landes- und Regionalplanung**, Beiträge Band 111 der Akademie für Raumforschung und Landesplanung, Hannover 1988

Räumliche Typisierung für die Raumentwicklungspolitik, Beiträge Band 113 der Akademie für Raumforschung und Landesplanung, Hannover 1990

Stadtforschung in Ost und West, Perspektiven und Möglichkeiten der Kooperation der großen Zentren in Europa, Beiträge Band 116 der Akademie für Raumforschung und Landesplanung, Hannover 1990

Großflächige Freizeiteinrichtungen, Funktion, Auswirkungen und Beurteilungsmaßstäbe, 13. Seminar für Landesplaner in Bayern, Arbeitsmaterial Band 175 der Akademie für Raumforschung und Landesplanung, Hannover 1991

Perspektiven einer europäischen Raumordnung, Bericht einer von der Akademie für Raumforschung und Landesplanung (ARL) und der Délégation à l' Aménagement du Territoire et à l' Action Régionale (DATAR) gemeinsam ins Leben gerufenen Deutsch-Französischen Arbeitsgruppe (DFAG), erstellt von Joël Hébrard und Peter Treuner, Hannover/Paris 1991 (im Druck)

Leitlinien der räumlichen Entwicklung in Deutschland, Ergebnisbericht eines Ad-hoc-Arbeitskreises der Akademie für Raumforschung und Landesplanung (in Vorbereitung)

Daten zur Raumplanung, Zahlen - Richtwerte - Übersichten
Teil A: Allgemeine Grundlagen und Gegebenheiten, Hannover 1981
Teil B: Überfachliche raumbedeutsame Planung, Hannover 1983
Teil C: Fachplanungen und Raumordnung, Hannover 1989
Teil D: Ministerkonferenz für Raumordnung, Entschließungen, Empfehlungen, Beschlüsse, Stellungnahmen, 1967 - 1986, Hannover 1987